PAUL MONTARLOT

DE PARIS A BERLIN

PAR

LE BOSPHORE

AUTUN
IMPRIMERIE DEJUSSIEU PÈRE ET FILS
1889

DE PARIS A BERLIN

PAR LE BOSPHORE

PAUL MONTARLOT

DE PARIS A BERLIN

PAR

LE BOSPHORE

AUTUN
IMPRIMERIE DEJUSSIEU PÈRE ET FILS
1889

DE PARIS A BERLIN

PAR LE BOSPHORE

―――o◦;◆;◦o―――

Les voyages sont devenus si faciles qu'on n'a plus chance d'intéresser personne, si l'on ne revient des sources du Nil ou du plateau de Pamir. Des rails escaladent maintenant les cimes alpestres et grimpent familièrement sur le dos des volcans. Bientôt l'Orient lui-même ne recèlera pas plus de mystères que la banlieue de Paris. On part pour Jérusalem, comme jadis on se rendait à Fourvières. Des agences vous promènent à forfait jusqu'aux premières pentes de l'Himalaya. Il y a vingt-cinq ans à peine que le faux derviche Vambéry risquait sa tête pour entrer dans Samarcande, et déjà la cité fabuleuse de Timour n'est plus qu'une station quelconque d'un chemin de fer qui fera sa trouée, un jour ou l'autre, à travers la Grande Muraille de Chine.

C'est dire assez qu'une excursion à Constantinople est un simple déplacement sans fatigue et sans embarras. En transcrivant mes notes, je n'ai donc pas la prétention de rien apprendre de neuf au lecteur. Mon désir est seulement de lui tracer un itinéraire et de lui indiquer, sans rééditer cependant Joanne et Bædeker, comment on peut faire en six semaines une tournée dont les principales étapes sont Rome, Naples, Corfou, Athènes, Smyrne, Constantinople, Vienne, Dresde, et Berlin. Qu'il m'autorise à lui présenter d'abord les compagnons dont l'aimable humeur a prêté un charme de plus à ces radieuses journées : M. Baz..., directeur du service tchnique de la Société internationale du canal de Corinthe, et Mlle C..... Baz....., sa belle-fille ; M. Ber..., ingénieur des ponts et chaussées ; M. Van..., ancien magistrat.

Et maintenant que cette formalité est remplie, en route pour Naples, où nous avons rendez-vous, M. Van... et moi, avec les trois autres voyageurs !

25 avril 1888.

..... Le jour se lève, terne et sombre. Au lieu de l'azur étincelant que nous pensions saluer à notre réveil, le lac du Bourget n'offre qu'une nappe grise, sans reflets et sans gaieté. La neige amoncelée par un long hiver blanchit toutes les montagnes. Plus loin, la Maurienne défile devant nous, pierreuse, maussade, presque rebutante à force de sauvagerie. Après Modane, le temps se gâte tout à fait, et c'est à travers les lignes serrées d'une pluie battante que nous dévalons en Piémont. Suse, Turin, Alexandrie, se succèdent rapidement, ruisselants d'eau et noyés dans le brouillard.

Au delà de Novi, la contrée devient fort belle. Toute la descente sur Gênes n'est qu'une suite de paysages grandioses, dont l'effet sera prestigieux, quand on aura terminé la rectification à mi-côte de la voie. D'imposantes villas à colonnades, des maisonnettes à volets verts et à fenêtres bleues sont appendues au versant des collines. Parfois l'ornementation en est amusante. A une fausse fenêtre, le décorateur a figuré une femme qui écarte un rideau. Ailleurs, c'est un balcon simulé, et pour que l'illusion soit plus complète, des serviettes chimériques font semblant de sécher sur une balustrade idéale. Des nuages bas pèsent lourdement sur Gênes, le Jupiter colossal du palais Doria regarde avec mélancolie le golfe embrumé, et bientôt la nuit nous cache la côte gracieusement festonnée qui fuit vers la Spezzia.

26 avril.

Quand nous quittons nos couchettes, nous sommes à Civita-Vecchia. Le ciel est gris, la mer est grise, mais la pluie a cessé. Nous traversons lestement la triste campagne romaine. Un peu avant sept heures, Saint-Jean-de-Latran dresse au loin sa façade couronnée de statues. Le train longe les murailles antiques, rase le temple de Minerve Medica, traverse les quartiers neufs de la porte Pia, et entre en gare. Je serre la main à M. Van... qui brûle Rome, et, une demi-heure après, je débouche sur le Corso, que je n'ai pas vu depuis une vingtaine d'années.

Au coin de la rue du Triton, un palais, qui ne ressemble nullement aux vieilles résidences patriciennes, frappe mon attention. C'est un magasin de nouveautés : *Aux Villes d'Italie*. Etalage à la façon du *Bon Marché*, soieries, confections, potiches, articles variés à un franc quatre-vingt-quinze, etc. Les temps modernes s'affirment. Heureusement, les monuments n'ont pas changé. Les obélisques de granit, les arcs de triomphe, les églises fastueuses échappent aux embellissements qui sont en train d'altérer la physionomie traditionnelle de Rome. Le Panthéon a été débarrassé de ses deux clochers parasites ; mais s'il a gagné à cette suppression, on ne saurait prétendre que le massif tombeau de Victor-Emmanuel ait amélioré sa décoration intérieure. La place Navone, relevée et assainie, s'appelle aujourd'hui Circo Agonale. Aux bords du Tibre, de vieux bâtiments tombent sous le pic des démolisseurs, en vue de l'établissement d'un quai. Grand mouvement dans la via del Borgo. Les fêtes du jubilé pontifical sont depuis longtemps passées ; mais les pèlerins affluent toujours. Des voitures bondées de prêtres et de moines se précipitent vers le Vatican. Une douzaine de tramways se suivent au complet. Des délégations se rassemblent sur les marches de Saint-Pierre, que je retrouve tel que mes souvenirs me le retraçaient, gai, lumineux, rayonnant de splendeur.

L'entrée des musées du Vatican donne accès dans l'exposition des dons offerts au Saint-Père. Ce n'est pas l'heure de la visite ; mais, par les portes ouvertes, j'enfile du regard une longue annexe en bois, dont les interminables vitrines renferment des ornements d'église et tous les objets nécessaires au culte. Les parois sont tapissées de chasubles littéralement empilées. Des pyramides de flacons variés s'élèvent dans une autre salle. Est-ce qu'on n'a pas parlé de vingt mille bouteilles de vins fins, sans compter celles d'eaux minérales ?

Au sortir des musées, la verdure printanière des jardins pontificaux m'attire irrésistiblement : après l'École d'Athènes, l'école buissonnière. Des parterres fleuris entourent de gracieux pavillons, des palmiers secouent leurs têtes élégantes. Par des allées ombreuses, je monte jusqu'aux terrasses établies sur les anciennes murailles de la cité Vaticane. Du côté du Monte-Mario, derrière le château Saint-Ange, tout un quartier neuf est en voie d'achèvement. Les Prati di Castello se sont convertis en rues parfaitement rectilignes et en maisons de rapport dont la banalité ne laisse rien à désirer. A l'ouest, la vue est également gâtée par d'odieuses industries. Trois cents hectares de terrain sont couverts de tuileries et de briqueteries, le sol défoncé, les pentes écorchées, déchirées, bouleversées par les extractions. Une vingtaine de grandes cheminées dressent leurs fûts rougeâtres au milieu de ces ignobles chantiers. C'est d'une laideur navrante.

La via Nazionale, qui part du pont Saint-Ange et aboutit à la gare en décrivant, durant ce long trajet, un arc de cercle, favorisera beaucoup la circulation. La section voisine du Tibre n'est encore que tracée ; mais plus loin tout est fini. Certaines maisons, bâties dans le style des palais italiens, ont même assez belle tournure. Quelquefois des ruelles infectes viennent se jeter étourdiment dans cette voie monumentale. Au coin d'un *palazzo* imité de Bramante ou de Vignole, l'œil s'égare dans un *vicolo* avec des masures croulantes, du linge sale qui se balance d'une fenêtre à l'autre, et des toits sur lesquels pousse assez d'herbe pour que le propriétaire se croie en droit d'espérer une bonne récolte. L'Italie est pleine de ces contrastes.

Les fouilles du palais des Césars, que j'ai vu commencer jadis, ont été poursuivies avec succès. Il n'est pas aisé de reconstituer par la pensée l'ensemble de ces ruines disséminées sur de vastes espaces ; mais qu'importe ? La promenade n'en est pas moins charmante. La plantureuse végétation des jardins encadre à merveille les chapiteaux de marbre, les colonnes gisant dans l'herbe, les hautes arcades de briques. Un édifice a été déblayé et conservé comme à Pompéï. De curieuses peintures décorent les murs. Dans l'aile droite, ce sont des colonnes figurées reliées entre elles par des guirlandes de fleurs et de fruits. Une frise en grisaille sur fond jaune représente des scènes familières, un homme poussant un âne, un autre conduisant un chameau chargé de ballots, des gens offrant un sacrifice.

Dans le *tablinum*, deux guerriers se disputent une femme, au pied d'une statue ; une nymphe portée par un monstre marin fuit un ravisseur. Ailleurs des faunes, des chimères, d'étranges paysages attestent la fantaisie du peintre.

Des terrasses, entre les grands arbres qui dessinent de vigoureux premiers plans, on découvre les temples ravagés du Forum, le Colisée, l'Arc de Titus. Le soleil perce çà et là les frondaisons, le vent souffle doucement dans les chênes-verts, les oiseaux chantent, les roses s'épanouissent dans les parterres, l'imagination se laisse aller au courant qui l'entraîne vers le passé. Mais voilà qu'une odeur de gaz vient vous chatouiller les narines. L'usine s'est installée irrévérencieusement derrière le palais impérial, et, en allant contempler sans méfiance le panorama du Trastevere, on découvre tout à coup des récipients noirs et sept cheminées fumeuses qui n'embellissent pas le paysage. Toujours des contrastes !

Une fois la rampe du Capitole franchie, on rentre dans la Rome moderne. Quelques magasins de la via Nazionale rappellent le goût parisien. *Old England* exhibe ses jouets baroques et ses pantalons à dix-sept francs cinquante. Je remarque cependant une concession : « suit » est ici « abito completo ». Une livrée d'un rouge vif me fait lever les yeux : c'est l'équipage du prince de Naples, un blondin imberbe et souriant. Un peu plus tard, quand je descends du Pincio dont j'ai été revoir les jardins et la magnifique perspective, je salue la reine Marguerite qui se rend à la promenade en landau découvert. Le Corso, à cette heure, est noir de piétons et sillonné de voitures. Le soir, la population s'y presse encore à la clarté de la lumière électrique, dont la place Colonne et celle du Monte-Citorio sont maintenant dotées. Mais, au sortir de Paris, c'est un mouvement bien provincial.

27 avril.

Tout un quartier neuf et largement tracé s'étend aux alentours de la gare. Là où j'ai vu autrefois le désert, des files de maisons à cinq étages déploient leurs pompeuses façades. On a bâti avec une précipitation fébrile, en tablant sur l'augmentation de la population, qui est aujourd'hui de 360,000 âmes, alors qu'elle n'était que de 240,000 âmes en 1870. Mais les calculs ont été trompés, les maisons nouvelles sont vides, personne n'en essuie les plâtres, et la crise immobilière se fait cruellement sentir.

La campagne de Rome est toujours aussi lugubre. Au delà de Cecina, des oliviers, des champs cultivés, une fraîche verdure succèdent brusquement aux steppes monotones de la banlieue. De petites villes, Anagni, Ferentino, Frosinone, Ceccano, s'accrochent au versant des hauteurs ou se juchent sur des mamelons isolés. Après Aquino, patrie de Juvénal et de saint Thomas, se montre, dans une orgueilleuse situation, le monastère du mont Cassin. Un amphithéâtre de montagnes ferme la vallée du Garigliano. Des nuées orageuses se heurtent aux sommets ou courent d'une cime à l'autre. Le regard s'enfonce de plan en plan jusque dans les plus sauvages régions des Abruzzes.

En débarquant à Naples, j'admirais l'ordre qui régnait à la gare, me souvenant du temps où le voyageur était livré sans défense à une tourbe de *facchini* déguenillés et de cochers exploiteurs ; mais un incident m'édifie sur les mœurs locales. Une rixe éclate à mon sujet entre le conducteur de l'omnibus de l'hôtel Bristol et un décrotteur. Ce dernier est blessé à la tête, le sang coule, le public intervient, le conducteur est arrêté, la police informe. Ne tenant nullement à jouer dans cette affaire le rôle ingrat de témoin, je prends une voiture et me fais conduire au plus vite à l'hôtel Bristol, où je dois retrouver mes compagnons de voyage.

Ce n'est pas sans quelque surprise que je croise en route un tramway à vapeur. Eh quoi ! un train circule maintenant sur ces pentes qui, il y a vingt ans, n'étaient accessibles qu'aux ânes ! Le progrès est notable. Le château Saint-Elme, pourtant, dresse toujours ses énormes murailles ; mais le cours Victor - Emmanuel en contourne les substructions et se prolonge à mi-côte, avec des lacets et des rampes habilement calculées, jusqu'à l'église de Piedigrotta. L'hôtel Bristol s'élève sur cette voie, dominant toute la baie et offrant de ses fenêtres le panorama sans rival qui s'étend du Pausilippe à Sorrente. Mais comme on est loin de la Chiaja, de la vie, du bruit, de la gaieté ! Je descends vers la Mergellina. On bâtit de tous côtés. Des rues entières sont en voie d'exécution entre le cours et la Chiaja, en dépit d'escarpements qui exigent des mouvements de terrain considérables. C'est une frénésie, comme à Rome, comme à Paris avant le Krach. Gare la crise ! Et pour triompher des obstacles que la nature a mis à la liberté des communications, on perce résolument le rocher. Un tunnel s'ouvre dans la colline de Saint-Elme. Bientôt un chemin de fer funiculaire établira des relations entre la Chiaja et les quartiers situés sur l'autre versant. En attendant, les maçons et les tailleurs de pierre font rage. Je me sauve jusqu'au Pausilippe, que ces transformations ne menacent pas encore, et, au sortir du village, la vue de la hauteur boisée des Camaldules, du cap Misène, de l'île d'Ischia bleuie par la brume, dissipe bientôt la déplaisante impression de ces cubes de moellons.

A la fin du jour, mes compagnons de voyage reviennent de Pompéï. Nous flânons ensemble sur le cours Victor-Emmanuel. A chaque tournant, la perspective se modifie ; mais partout les premiers plans sont étonnants. C'est une confusion inextricable de terrasses, de contreforts, de murs de soutènement, de jardins suspendus. Un architecte aurait peine à démêler l'enchevêtrement des lignes. Le soleil, très bas à l'horizon, fait resplendir les maisons de Castellamare. Au clair de lune, le spectacle n'est pas moins saisissant. Et pourtant, dans cette confortable solitude de l'hôtel Bristol, je persiste à regretter la rue de Tolède et l'animation napolitaine.

28 avril.

Le soleil est radieux, la mer d'un bleu très fin. Quelques voiles ressemblent à des papillons volant dans l'azur. Le Vésuve, auquel mes compagnons vont faire leur visite, déroule un panache de fumée blanche, seul nuage qui flotte dans le ciel. Je connais suffisamment ce volcan, et comme une seconde visite ne m'apprendrait rien de neuf sur le compte de son cratère, où j'ai eu l'honneur de descendre une fois, je vais au Musée qui m'intéresse davantage.

Voici la rue de Tolède — pardon,

la rue de Rome — avec son incroyable mouvement. Les magasins ont pris là aussi des allures parisiennes. Mêmes étalages, mêmes marchandises, seulement plus chères. J'interroge l'affiche du théâtre Sannazar : on joue l'*Abate Costantino*. Celle du théâtre Rossini : *Nana*. Tout à la française ! C'est comme à Rome où le théâtre Quirino donnait hier : *le Campane de Corneville*. Pourtant je rencontre des moines quêteurs, même un capucin nègre, qui circulent, pieds nus et la besace sur le dos. C'est une dernière trace de couleur locale.

Les monuments de date récente sont médiocres. Je ne conteste pas les vertus de Carlo Poërio, mais la vue d'un monsieur en jaquette, portant sur le bras gauche un pardessus et tenant à la main un petit chapeau melon, me laisse très froid, le monsieur fût-il en marbre. La statue de Dante, érigée devant le collège Victor-Emmanuel, n'a guère plus de mérite.

A quoi bon, d'ailleurs, perdre son temps à regarder ces non-valeurs, quand le Musée vous offre à la fois, comme une magnifique synthèse de l'art antique, la *Vénus Callipyge*, la *Minerve d'Herculanum*, le groupe du *Taureau Farnèse*, le torse de *Psyché*, et ces bronzes incomparables, ces merveilles de goût et d'observation, le *Faune ivre*, le *Satyre dormant*, le *Mercure au repos?*

Les cinq heures allouées au public coulent avec la rapidité d'un songe au milieu de ces chefs-d'œuvre. On examine avidement les peintures et les mosaïques anciennes, les scènes épiques si simples et si grandes, comme le *Thésée vainqueur du Minotaure* ou le *Sacrifice d'Iphigénie*, les tableaux de genre, comme la *Marchande d'amours* ou la *Répétition d'une comédie*, les figures simplement décoratives, comme les treize *Danseuses de Pompéi* et les groupes de *Centaures* et de *Bacchantes*; on passe aux vases antiques, aux papyrus, aux terres cuites, aux monuments du moyen âge et de la Renaissance, dont la pièce capitale est la splendide Cassette Farnèse en argent doré, ornée de figures symboliques et de gravures sur cristal de roche d'un travail exquis. Et le temps presse, et l'on a hâte d'arriver aux petits bronzes. Il n'y a pas, en effet, de collection plus riche, plus complète et plus captivante que celle-là. C'est la vie privée des anciens qui se révèle tout entière, et aussi la pureté de leur goût, qui fait honte à la production courante de notre industrie. L'art se manifeste jusque dans les objets de ménage. Des candélabres affectent la forme de colonnes, de troncs d'arbres, de tiges de lotus; des bustes minuscules d'empereurs servent de pesons à des romaines; des lampes figurent des calices de fleurs, des limaçons, des têtes de faunes, dont la conception témoigne d'une verve intarissable.

Et les trépieds, les baignoires, le poêle mobile dont on enlève le couvercle par une poignée formée de deux lutteurs enlacés, les coffres-forts plaqués de tôle, les marmites d'un beau galbe, les balances, les instruments de toute espèce...... Mais il faut courir au cabinet des bijoux, admirer la célèbre Tasse Farnèse et ses reliefs taillés dans l'onyx, les pierres gravées, les parures en or portées par les dames de Pompéï, et s'il reste, au terme de cette visite au pas de charge, une demi-heure de loisir, jeter un coup d'œil sur la Galerie de tableaux, dont le *Mariage mystique de sainte Catherine* et la *Vierge au lapin* du Corrège, la *Danaé* du Titien, le *Saint Jérôme* de Ribera, et une *Madone* de Raphaël sont les principaux « capi d'opera. »

Tant de marbres et de bronzes m'ont donné une forte envie de verdure et de soleil. Une demi-heure après, j'erre sous les ombrages silencieux de Capodimonte. Les jardins du palais sont d'une beauté ravissante. Les magnolias y atteignent de grandes proportions, et des palmiers se découpent sur le ciel. D'un rond-point, au pied d'un chêne-vert, la perspective est enchanteresse. Tout Naples apparaît, borné à droite par la colline de Saint-Elme, à gauche par les maisons étagées de Capodimonte. La mer reflète exactement la couleur du ciel, et une brume légère confond au loin ces deux infinis. Des villas délicieuses, entourées de pins parasols, avoisinent le palais. Les masses de verdure s'harmonisent merveilleusement avec les accidents de terrain et les constructions. C'est le type achevé du paysage italien.

Tout ce qu'on peut dire du palais lui-même, c'est qu'il appartient à une architecture aussi solennelle que rectangulaire. La visite des salons ne manque pas d'intérêt. La décoration et le mobilier datent exclusivement de l'Empire et de la Restauration. Peu de tentures et pas de tapis, partout un pavé en terre cuite peinte imitant le porphyre, des murs brossés de tons clairs, un ensemble d'aspect froid, mais bien rafraîchissant aujourd'hui.

Les tableaux sont nombreux, modernes et de qualité inférieure. Le concierge m'en détaille les beautés sans réussir à me faire partager son enthousiasme. Mais si la *Mort de César* de Camuccini et le *Benvenuto Cellini* de Celentano me causent un profond ennui, quelques toiles contemporaines m'apportent une agréable diversion. *Victor-Emmanuel visitant Herculanum* est vraiment récréatif. On n'imagine pas la tournure grotesque du roi en veston et en chapeau noir. Ailleurs un artiste quelconque a retracé l'*Entrevue de Teano (26 octobre* 1860*)*. Victor-Emmanuel et Garibaldi se rencontrent. — « Salut au roi d'Italie », s'écrie le condottière. — « Salut à mon meilleur ami », répond Victor-Emmanuel. Pas difficile, le roi galant homme.

La salle de bal, avec son décor blanc, jaune et bleu, doit ruisseler de lumière à la clarté des lustres. Mais quelles drôles de chaises! La première que j'observe représente la porte Saint-Martin. Certes, ce monument est estimable; mais l'idée de le faire servir à la décoration d'un siège est bien saugrenue. Une seconde chaise offre une vue du palais du Luxembourg, une troisième le château de Saint-Cloud, et ainsi de suite. La série est complète. Il paraît que c'est Murat qui a commandé le meuble. Toutes ces vues de Paris et des environs sont peintes sur velours.

Un salon renferme une curieuse collection de biscuits de porcelaine provenant de l'ancienne fabrique de Capodimonte. La pièce de résistance est un groupe énorme représentant *Jupiter foudroyant les Titans* : une vingtaine de ces mécréants sont déjà écrasés sous les rochers.

Traversons rapidement la grande salle à manger, les deux salons chinois, le salon bleu, etc. Dans la salle des portraits, Napoléon occupe la place d'honneur. Murat, bien frisé, est éblouissant de dorures. Le duc de Reichstadt porte la tenue de fantassin autrichien. Charles IV, roi d'Espagne, et Marie-Louise, sa femme, ont confié la reproduction de leurs traits à Goya et n'ont pas eu à s'en plaindre. Le portrait du roi surtout est hors ligne.

Je note encore d'amusants petits portraits des jeunes princes de la maison d'Orléans. Le duc d'Aumale monte un cheval mécanique, le prince de Joinville contemple un vaisseau, la princesse Louise pince de la harpe, etc.

Après l'Armeria, où brille, parmi beaucoup d'autres, la riche armure d'Alexandre Farnèse, la visite se termine à la Chambre de Porcelaine. La décoration de ce salon date du dix-huitième siècle. Ce ne sont que rinceaux, guirlandes, feuillages qui s'enroulent, singes qui grimpent, le tout en porcelaine de Capodimonte et d'une surprenante fantaisie.

A l'heure où je descends la rue de Rome, l'animation est prodigieuse. Les chevaux des plus humbles voitures sont harnachés avec un luxe réjouissant de clous et d'accessoires en cuivre poli. Je croise un *calessino* plein de riches paysannes en robes de soie éclatantes avec des colliers, des pendants d'oreilles massifs, de longues épingles fichées dans les cheveux. Mais il faut aller à Sainte-

Lucie pour trouver de vrais types napolitains. Des femmes tiennent en plein air de petites boutiques de citrons, de limonade, d'eau glacée, décorées de feuillage ; des plats et des carafons de métal luisent sur les étagères. Des pêcheurs à la peau tannée fument, accoudés aux parapets, ou proposent aux passants des *frutti di mare*. Les gestes, les attitudes sont bien populaires, et quand on aperçoit le Vésuve qui fait l'office de toile de fond, on reconnaît que là au moins l'originalité native n'a pas entièrement abdiqué.

La fin du jour est splendide. La mer se brise en clapotant contre les substructions de la Villa Nationale. Les équipages défilent sans interruption. Le soleil noie le Pausilippe dans un flamboiement d'or, glace de rose les hautes murailles de Pizzofalcone, et fait étinceler les vitres de Sorrente. Mais les cloches des hôtels commencent à tinter. Il faut remonter par des chemins fort raides et, pour comble de disgrâce, subir pendant le dîner l'invasion d'une troupe de musiciens, qui nous assourdissent avec l'air de *Santa Lucia* et d'autres rengaines énervantes.

29 avril.

Le premier train nous emmène à Brindisi. Après Caserte et son vaste château royal, Maddaloni, dominé par de vieilles tours qui se cramponnent au flanc de la colline, offre un coup d'œil très pittoresque. Un peu plus loin, l'aqueduc de Vanvitelli développe majestueusement ses trois rangs d'arcades. Le train entre dans la large vallée du Volturne, bornée par la chaine centrale des Apennins, puis passe dans celle du Calore.

A Bénévent, qui s'étale au milieu d'une plaine, nous cherchons des yeux, mais en vain, la Porta Aurea de Trajan. La voie serpente ensuite dans une contrée aride et montueuse. Montecalvo, Panni, Monteaguto, Bovino se montrent, comme de vrais nids de brigands, au sommet de pitons ou sur des pentes d'un accès difficile. A onze heures, nous sommes à Foggia, où un arrêt de trente minutes nous donne le temps de visiter le buffet. La plaine immense et dépourvue d'arbres qui entoure la ville, le *Tavoliere della Puglia*, me rappelle certains aspects de la Champagne.

Le pays ne devient plus intéressant que lorsque le chemin de fer se rapproche de la mer. On aperçoit au nord le golfe de Manfredonia et le mont Gargano, l'éperon de la botte italienne. Après le passage de l'Ofanto, nous laissons à droite le champ de bataille de Cannes, un bel endroit pour se tailler commodément en pièces. Nous voici sur le bord de l'Adriatique, que nous allons cotoyer jusqu'à Brindisi. Cinq heures d'un trajet monotone à travers des plantations d'oliviers, auxquels leurs troncs noueux, creusés par le temps, percés de trous comme des écumoires, leurs branches tourmentées, leur inclinaison sous l'action des vents de mer donnent des silhouettes fantastiques. On comprend que l'imagination populaire ait peuplé les bois d'êtres chimériques. En regardant ces arbres avec quelque attention, on y découvre bientôt une foule de choses peu rassurantes, des athlètes qui luttent, des héros aux prises avec des bêtes féroces, des femmes qui se tordent les bras d'un geste désespéré. Si, de la portière d'un wagon, j'ai eu ces visions en plein midi, de quelle mystérieuse horreur ne devaient pas être saisis les gens simples de l'antiquité, aux premières ombres de la nuit ou aux clartés tremblantes de la lune ?

Plusieurs villes très peuplées et très commerçantes, Barletta, Trani, Molfetta, font diversion à ces bois interminables. Elles ont une physionomie plus orientale qu'italienne. Pas de toits, pas même de cheminées, mais partout des terrasses. Les maisons ressemblent à de gros cubes blancs, et, sans cette coiffure de tuiles à laquelle nos yeux sont habitués, elles nous paraissent inachevées. Les rues sont poudreuses, les murs d'un éclat aveuglant. Tous les édifices, baignés de lumière, se détachent crûment sur la mer bleue. Le clocher de la cathédrale de Bari fait penser à la Giralda de Séville ; mais c'est peut-être Monopoli qui rappelle le plus complètement les cités d'Orient.

A six heures et demie, nous débarquons à Brindisi : M. Baz... est reçu à la gare par M. Tardiento, consul de la principauté de Monaco. Je ne crois pas m'avancer trop en émettant l'idée que ces fonctions doivent être une agréable sinécure. Leur titulaire est un ancien garibaldien ; mais son obligeance lui fait pardonner ses péchés de jeunesse. Grâce à son intervention, nos nombreux colis sont transportés au port, nos places assurées au bateau, notre couvert mis à l'hôtel des Indes-Orientales. Il ne nous reste plus qu'à dîner tranquillement en attendant l'heure de l'embarquement.

La conversation ne tarit pas avec M. Tardiento. Originaire de Brindisi, il connaît bien le pays et il nous renseigne sur la situation que la dénonciation du traité de commerce franco-italien, expiré le 31 décembre 1887 et prorogé provisoirement de deux mois, a faite à toute la région viticole de l'Italie, particulièrement à la côte adriatique que nous avons suivie depuis Barletta. A l'heure présente, les caves regorgent de vin. L'exportation en France a complètement cessé et les prix sont tombés à rien. Le producteur trouve difficilement preneur à dix francs de l'hectolitre qu'il vendait couramment quarante francs. Dans la province de Bari, le vin au détail coûte deux sous le litre. C'est la ruine certaine pour toute la région, si un accord ne consacre pas, dans un bref délai, le retour aux conventions de 1881.

N'oublions pas que c'est l'Italie qui a dénoncé le traité pour faire plaisir aux Allemands. Elle en subit les conséquences. Nous aussi, nous souffrons, puisque nous n'exportons plus au delà des Alpes nos produits manufacturés ;

mais nous avons les reins plus solides que nos voisins.

Un canot nous conduit à bord du *Pachino*, du Lloyd autrichien, à destination de Corfou. M. Ber... craint le mal de mer, et, par mesure de prudence, nous n'attendons pas le départ pour nous insérer dans nos couchettes. Le paquebot démarre à minuit ; mais nous reposons déjà, et le mouvement de l'hélice ne trouble même pas notre sommeil.

30 avril.

Nous sommes sur le pont avant six heures. Le temps est très beau, la mer bleu-lapis. A l'est s'étend la côte d'Albanie, abrupte, nue, grisâtre, coupée par des ravins. Quelques flaques de neige miroitent sur les sommets. Les monts Acrocérauniens dressent leurs deux cimes séparées par une grande déchirure. La mer s'accalmit tout à fait. Sa teinte foncée s'adoucit : de lapis elle devient turquoise. Déjà nous apercevons, au sud, le profil accidenté de Corfou. Mais le déjeuner nous réclame, et pendant que nous absorbons les œufs aux petits pois et le beefsteak aux pommes de la table d'hôte, l'horizon se resserre. Le bateau entre dans le détroit. A droite, Corfou développe les lignes harmonieuses de ses côtes boisées d'oliviers ; à gauche la petite ville albanaise de Dema escalade un rocher qui ferme le lac de Vivari, au pied de montagnes dominées par un dôme de neige. Puis le canal s'élargit, et, à midi et demi, nous stoppons dans le port de Corfou.

La première formalité qui s'impose est la visite à la douane ; mais un courrier de l'hôtel Saint-Georges, qui connait mieux que nous toutes les finesses de la langue grecque, traite l'affaire avec les douaniers. Moyennant une effigie de leur souverain frappée sur une pièce de cinq drachmes, ceux-ci s'abstiendront de visiter nos malles, et ils les conserveront dans leurs magasins jusqu'au lendemain. On n'est pas plus accommodant.

Par une rue étroite et d'une propreté contestable, nous nous acheminons vers l'hôtel. Cette fois, la couleur locale ne fait pas défaut. Des Grecs et des Albanais en fustanelle devisent sous les arcades ou dorment à la porte des cafés. Leurs fières moustaches, leurs nez crochus, les pistolets qui hérissent leurs ceintures leur donnent un aspect féroce. Cependant un de ces palikares en jupon tuyauté s'occupe pacifiquement à balayer la rue. Des popes crasseux se promènent lentement. Mais ce qui nous amuse, ce sont les enseignes en grec. L'éducation classique nous a laissé un tel respect pour la langue de Pindare et d'Euripide que nous éprouvons quelque surprise à la voir s'abaisser jusqu'à indiquer le domicile d'un dentiste : « odontiatros », — ou une vulgaire épicerie : « pantopoleion », — ou encore le café de la Belle-Grèce « Kafeneion tes Oraies Ellados. » La rue Eugène — « Odos Eugeniou » — nous conduit à l'hôtel Saint-Georges. La maison est propre et bien tenue. On s'aperçoit tout de suite que les Anglais ont passé par là.

Une demi-heure après, nous partons en voiture pour visiter l'île. A peine sortis de la ville, la beauté du paysage nous arrache mille exclamations. Sur ces collines aux molles inclinaisons, les oliviers jettent un manteau de verdure. Loin d'être ployés, ainsi que ceux de la côte adriatique, par l'aigre vent d'est, ils lancent fièrement leurs troncs, qui semblent composés de plusieurs tiges enlacées comme des serpents. Beaucoup ont trois ou quatre siècles. Souvent ils sont percés à jour, et la sève ne circule plus que par l'écorce devenue elle-même un fin réseau. Au milieu de ces frondaisons pâles et comme estompées, des cyprès vigoureux dardent leur flèche aiguë, rigide, presque noire. La route affecte les courbes gracieuses d'une allée de parc. L'œil plonge dans des gouffres de verdure ; les orangers en fleur répandent leurs enivrants parfums; à chaque tournant, par de pittoresques échappées, la mer se montre, bleue toujours, mais d'un bleu céleste, vaporeux, idéal, tandis qu'au loin, contrastant avec cette végétation exubérante, la neige blanchit les hautes montagnes de l'Epire.

Au point culminant, d'où le regard embrasse une grande partie de l'île, s'élève une villa qui appartient au comte Capo d'Istria, neveu du fameux patriote. C'est une maison de petit bourgeois et le jardin est à l'état rudimentaire; mais les roses s'ouvrent de toutes parts, des oranges jaunissent encore sur les arbres, et, attirant les branches à nous, nous cueillons nous-mêmes ces fruits exquis. Des figuiers puissants, des néfliers du Japon couvrent aussi les pentes. Si le logis est modeste, le site est d'un charme indicible.

Une autre excursion nous mène au lac de Kalikhiopoulo. L'ancien port de Corcyre est devenu une pêcherie. La route, bordée de jardins clos par des haies de rosiers ou de figuiers de Barbarie, longe la villa royale de Mon-Repos. Le roi y réside en ce moment. Des palikares à larges fustanelles, avec jambières et souliers pointus rehaussés de pompons noirs, se tiennent devant la grille. Plus loin, par des lacets bien ménagés, nous arrivons à la terrasse de Cannone qui offre une vue féerique. A nos pieds, au delà d'une ceinture d'oliviers et de jasmins, une petite ile détache énergiquement son bouquet de cyprès sur la surface éthérée de la mer. Un couvent blanchit au sommet du rocher. C'est Pondikonisi, l'Ile aux Souris, le vaisseau pétrifié d'Ulysse, le séjour préféré de l'impératrice d'Autriche, amoureuse de calme et de rêverie solitaire, quand elle vient oublier à Corfou, pendant quelques semaines, les grandeurs et les soucis de la couronne.

Nous rentrons dans la ville à l'heure de la promenade. Beaucoup de popes, quelques-uns bien sales et bien misérables. J'en remarque un, accompagné de sa femme et de sa fille. La femme a un large fichu blanc sur la tête ; mais la fille est mise comme n'importe quel trottin parisien. Tout à coup un mouvement s'opère aux portes du palais. Des soldats prennent les armes. C'est le roi Georges qui retourne à sa villa. Trois landaus de louage passent devant nous. Le souverain occupe le premier, ayant à sa gauche un général en petite tenue. Il aime beaucoup Corfou, et il est heureux de venir s'y soustraire au voisinage des Tricoupis et autres politiciens que le régime parlementaire a fait pousser, comme de mauvais champignons, sur le terroir de l'Hellade.

Au dîner, nous goûtons les vins de la région. Ce matin, sur le *Pachino*, nous buvions du vin de Catane. Tous ces liquides se ressemblent, très colorés, légèrement sucrés et assez pâteux. J'achève la soirée avec M. Van... dans les folles orgies d'un café, où la tasse de moka, accompagnée d'un verre d'eau glacée, coûte deux sous.

1er mai.

Je me lève avec le soleil. La promenade de l'Esplanade est délicieuse à cette heure matinale. Un brouillard léger flotte sur la mer, et la brise apporte les senteurs des orangers. Je ne retrouve pas les mêmes parfums dans les rues tortueuses, grimpantes et rarement balayées. Peu ou point de monuments. Le théâtre est un édifice construit par les Vénitiens. L'église grecque de Saint-Spiridion possède un beau plafond à caissons et à voussures. Les Corfiotes viennent en foule baiser les saintes images. C'est un curieux défilé : ouvriers, matelots, pêcheurs, petits bourgeois, palikares, tous les costumes et toutes les professions se coudoient. Une chapelle du sanctuaire renferme la châsse en argent de saint Spiridion qui, parait-il, a été évêque de Chypre et que l'île de Corfou a adopté pour son patron. Chaque fidèle s'approche de cette châsse, la baise et s'incline devant l'image de la Panagia. Les plus dévots ne se retirent pas sans avoir encore appliqué leurs lèvres sur des tableaux de sainteté qu'un verre protège contre ces pieuses manifestations.

Mais l'heure est venue de quitter Corfou. A sept heures, nous reprenons nos bagages aux douaniers, qui réclament un supplément d'honoraires, sous le prétexte fallacieux qu'ils ont veillé toute la nuit pour sauvegarder les malles, et nous nous embarquons pour Zante sur le *Theseus*, de l'*Ellenike atmoploia* : locution qui ne se trouve pas dans Homère et qui peut se traduire par « Compagnie grecque de navigation à vapeur ». Le départ était annoncé pour huit heures. Mais les Hellènes ne se piquent pas d'exactitude. Le temps a si peu de valeur en Orient !

Les passagers sont très nombreux, des Grecs allant aux iles, des Allemands se rendant, comme nous, à Olympie, et, à l'avant, sans parler d'un troupeau de chèvres, des Albanais jouant aux cartes ou égrenant des chapelets. La mer Ionienne est d'un calme invraisemblable. Pas l'ombre de roulis, encore moins de tangage. La trépidation de l'hélice ne se fait même pas sentir. Nous déjeunons avec entrain. Seulement le vin résiné nous semble détestable. Les Grecs l'aiment beaucoup, et il paraît d'ailleurs qu'on s'y habitue vite, si bien même qu'on le préfère au vin naturel.

Au sortir du canal, quand on a dépassé le cap Blanc qui forme la pointe de l'île de Corfou et dont les stratifications crayeuses rappellent les falaises de la côte normande, on aperçoit l'île de Paxos, boisée et assez basse. Kayos, son chef-lieu, se compose de quelques maisons au bord d'une crique. Antipaxos, un peu plus loin, n'est qu'un rocher stérile. La côte d'Epire est vivement éclairée. Un promontoire nous dérobe la vue de Parga, et nous fatiguons vainement nos lorgnettes à chercher les murailles de la forteresse de Souli, à laquelle la guerre de l'Indépendance n'a pas laissé un moindre renom. Après la baie de Gomaros, Prevesa se montre à l'entrée du golfe d'Arta, puis le célèbre promontoire d'Actium.

Pendant des heures, le bateau longe la côte ravinée de Sainte-Maure. Une excellente carte nous révèle l'emplacement du Saut de Leucade, une falaise blanche, qui, haute d'abord d'une soixantaine de mètres, s'abaisse graduellement jusqu'au niveau de la mer. Le souvenir de Sapho nous revient naturellement à l'esprit; mais celui d'Ulysse lui succède bientôt. Voici, en effet, les côtes âpres et dénudées d'Ithaque, que le canal Viscardo sépare de Céphalonie. Il est trop évident que l'époux de Pénélope a mis bien du temps pour revenir de Troie; mais la mer Ionienne est si belle! Nous-mêmes, qui n'avons rencontré ni Circé, ni Calypso, nous ne sommes pas désireux d'arriver vite. Le capitaine nous a invités à monter sur sa passerelle, et, de cet observatoire, nous savourons pleinement le charme de cette promenade homérique et mythologique.

Les côtes de Céphalonie défilent longtemps devant nous, accidentées, très découpées, et dominées par le Montenero. A la fin de la journée, le paquebot fait escale, pendant une heure, à Argostoli, chef-lieu de l'île, bourgade insignifiante et sans couleur, cachée dans un repli d'une baie profonde. Le vent a fraîchi, la mer moutonne, et de petites lames courtes font exécuter aux canots de débarquement des valses écœurantes.

Mais la nuit est venue et chacun de nous prend ses dispositions pour dormir un peu. Les cabines et le salon sont pleins. Je découvre une banquette ; mais l'endroit est occupé par une société grecque qui bavarde, chante et rit aux éclats sans une minute d'interruption. Il est une heure quand les lumières de Zante scintillent au loin. La mer s'est tout-à-fait rassérénée. Un quartier de lune, rouge, énorme, émerge à l'orient et se réfléchit sur la surface des eaux qui le brisent en mille étincelles d'or. Des bateliers grimpent à l'assaut du paquebot et escaladent le bordage. C'est à qui arrivera le premier pour mettre la main sur les bagages des passagers. Deux hommes conduisent chaque barque et vont au-devant du vapeur en marche. Au moment précis où ils passent sous l'échelle encore relevée, l'un d'eux la saisit vigoureusement par le dernier échelon et s'enlève à la force des poignets, pendant que le bateau, poursuivant sa course, s'éloigne de la barque. Quelquefois il manque son coup. Un de ces bateliers trop pressés tombe à l'eau sous nos yeux. Je suppose qu'on l'aura repêché un peu plus loin.

Une confusion inexprimable règne bientôt sur le pont. Tout le monde gesticule et vocifère à qui mieux mieux, et les passagers, poussés, bousculés, heurtés par les lourdes malles, assourdis de cris et de tapage, se croient à la merci de pirates. Mais M. Baz... a pris ses mesures pour nous épargner tout ennui. Il a mandé à Zante l'interprète attaché aux travaux du canal de Corinthe, et celui-ci, fidèle au rendez-vous, se montre sur le pont, au moment où un drôle sans mandat se mettait en mesure d'emporter nos bagages. Grâce à lui, le débarquement s'opère sans difficulté. Zante nous séduit tout-à-fait par ce clair de lune qui illumine ses blanches maisons. Une voiture nous conduit à l'hôtel National et, à deux heures, nous faisons connaissance avec les planches que les Grecs décorent du nom de lits.

2 mai.

L'impression du matin confirme celle de la nuit. La situation de la ville, au centre d'une large baie, est ravissante. Ses maisons à arcades déploient leurs façades le long d'un quai ou s'étagent tumultueusement sur les premières pentes d'une montagne escarpée, dont un vieux château crénelé couronne la cime. Au sud, une série de monticules coniques sert d'avant-garde au mont Scopos, terminé par un piton singulier, au pied duquel un couvent apparaît comme un point lumineux.

Deux couleurs dominent dans la gamme : le blanc et le bleu. La verdure des orangers et des oliviers donne la note solide de ce tableau qui semble peint dans la tonalité légère des décors. Ce qui ne saurait se rendre avec des mots, c'est la beauté de la lumière qui pénètre, qui inonde, qui enveloppe tout. Le soleil est un peu chaud ; mais qui le regretterait en face de cette splendeur éblouissante ?

La rue principale est propre et bien bâtie. Les maisons ont, en général, deux étages et toujours des persiennes vertes qui s'ouvrent ou se relèvent par compartiments, de manière à permettre aux femmes de voir sans être vues. Dans les rues latérales, des boutiques basses, largement ouvertes, où s'entassent pêle-mêle les oranges, les courges, la viande exposée négligemment au soleil. Une place triangulaire, voisine de l'hôtel National, offre un joli coup d'œil. Une église dresse son campanile dont les cloches se balancent à l'air libre. Des chèvres se groupent sur les marches du piédestal qui porte le buste en bronze d'un gouverneur anglais, sir Thomas Maitland; un arbre projette son ombre sur le portail blanc; quelques palikares traversent la place. C'est un motif d'aquarelle tout composé.

Au milieu d'une assistance assez nombreuse, nous montons en voiture pour visiter l'intérieur de l'île. L'expédition est dirigée par l'interprète, M. Maringos, un jeune Grec originaire de l'île Prinkipo, polyglotte comme tous les Levantins, et dont nous nous rappellerons toujours l'infatigable obligeance. Par une route en lacets bordée d'agaves, nous contournons le rocher de la citadelle. Du col, la vue s'étend jusqu'à Céphalonie. La route descend ensuite dans une vaste plaine, large d'une douzaine de kilomètres et bornée à l'est par une chaîne de montagnes dont les premières pentes sont couvertes d'oliviers. Des villages qui respirent l'aisance se montrent çà et là ; des roses fleurissent les haies ; mais la principale, l'unique culture est celle de la vigne, qui produit le raisin délicat connu sous le nom de raisin de Corinthe.

Non loin de la baie de Khieri, les voitures s'arrêtent devant la propriété d'un M. Lounzi. La maison est ornée d'un fronton, badigeonnée de rose, et des bustes de marbre pseudo-antiques se détachent sur des niches peinturlurées en bleu. Le jardin est tout-à-fait abandonné. Chose curieuse ! Ni à Corfou, ni à Zante, nous n'avons encore aperçu un seul jardin convenablement tenu. Les paysagistes sont inconnus dans l'archipel, et peut-être même les jardiniers. C'est la nature qui fait tous les frais ; mais elle s'en acquitte si bien qu'on aurait mauvaise grâce à s'en plaindre. Quel merveilleux parti, cependant, on pourrait tirer d'un sol qui offre à l'art du paysage tant d'éléments décoratifs !

Nous revenons à Zante par une autre route. Tandis que, rentrés à l'hôtel National, nous nous escrimons contre des tourterelles aux petits pois et des poulets gros comme des moineaux, je jette un coup d'œil sur plusieurs indigènes qui déjeunent à une table voisine. Ils se passent avec des marques d'intérêt le dernier numéro de l'*Illustrazione italiana*. Que se montrent-ils ? Parbleu ! le portrait du général Boulanger.

L'argent grec est surtout du papier. Quand nous réglons la note de l'hôtel, il y a un appoint de cinq drachmes à faire. M. Maringos coupe résolûment en deux un billet de dix drachmes et donne un des morceaux. Je ne saurais dire si cette division peut, comme celle de la matière en général, se poursuivre à l'infini.

Embarquement à une heure sur le bateau grec *Chios*, à destination de Katacolo. Le départ s'effectue longtemps après, et ce retard nous laisse le loisir d'admirer le charmant panorama de Zante. Nous ne sommes pas nombreux à bord. Heureusement, car on a installé à l'arrière deux cents béliers marqués de rose, qui voyagent en première classe. La traversée dure trois heures. Bientôt le Péloponèse fixe nos regards. Une ligne de montagnes imposantes domine ses côtes basses. La carte à la main, nous mettons des noms sur leurs sommets, et ces noms ont résonné bien des fois à nos oreilles, de la sixième à la rhétorique.

Voici l'Erymanthe, sur les confins de l'Elide et de l'Achaïe, l'Erymanthe dont la tête est poudrée de neige et dont les flancs nous apparaissent d'un bleu très pâle et très fin : puis la cime chauve du Kelmos ou mont Aroanien, et tout au fond, très loin, dans la direction de Corinthe, le Ziria ou Cyllène, la seule montagne de la Grèce où, d'après Aristote, on trouve des merles blancs. Une dépression indique la vallée de l'Alphée. Les montagnes de la Messénie déroulent au sud leurs croupes sauvages. Une sommité toute blanche semble se hausser par dessus : c'est le Taygète, qui ferme la vallée de l'Eurotas et nous marque l'emplacement de Sparte.

Cependant nous approchons de Katacolo. Un phare se dresse à l'extrémité d'un promontoire bas et couvert de broussailles. Je me demande s'il faut donner le nom de ville au ramassis de baraques et de masures que nous apercevons du bateau. Enfin il y a une gare, et c'est tout ce que nous demandons. Comme il y a peu de monde à bord, le débarquement en canot s'effectue sans trop de bruit ni d'encombrement. Il est quatre heures à peine, et le train ne part qu'à six heures trente pour Pyrgos, où nous devons passer la nuit. Rien ne paraît plus difficile à tuer que deux heures à Katacolo. J'entraîne pourtant dans une excursion au phare un hollandais très versé dans l'archéologie, M. Six, qui se rend aussi à Olympie. C'est au père de ce jeune homme qu'appartient, à Amsterdam, la célèbre collection Six, dont un des chefs-d'œuvre est le portrait par Rembrandt du bourgmestre Six, un des aïeux de mon compagnon de promenade.

Notre arrivée avait été signalée par dépêche à l'hôtelier de Pyrgos. Avec un sentiment de ses devoirs qui l'honore, cet homme est venu nous recevoir à Katacolo. On ne croirait jamais que c'est un Grec. Sa taille colossale, ses hautes épaules, sa large carrure, sa barbe blonde lui donnent tout-à-fait l'air d'un Teuton. La cuirasse d'un héros des Niebelungen lui siérait mieux que son veston quadrillé.

En une heure de trajet à travers des vignes et le long d'une plage dépourvue d'intérêt, nous sommes à Pyrgos. Il n'y a guère que nous dans le train ; mais cinquante portefaix se pressent sur le quai de la gare. Une montée par des chemins vagues nous conduit à l'hôtel Olympia — « Xenodokeion ta Olympia » — qui n'a pas mauvaise apparence. Le tapis de l'escalier est usé, mais il y a des fleurs. Les chambres ont cinq mètres de haut, elles sont enduites au plâtre et décorées de chromos. Point de salle à manger, par exemple. Il faut se transporter à un restaurant voisin. En y allant, un cadre aux vives couleurs, accroché à l'entrée d'un débit de vin, fixe mon attention : c'est l'image de Boulanger. Encore !

Le menu de notre dîner ne mérite pas d'être transmis à la postérité. Je mentionne seulement que la viande n'y figurait pas. Nous observons le carême, et nous sommes même en pleine semaine sainte sans nous en douter. C'est demain le jeudi saint, qui tombait chez nous, cette année, le 29 mars. Les bouchers ne tuent plus, et les étrangers, orthodoxes par occasion, participent forcément à l'abstinence générale.

Une promenade dans la rue principale nous procure le spectacle d'un grand nombre de cordonniers travaillant avec acharnement. Sur quatre boutiques, il y en a trois occupées par ces industriels. Quelle prodigieuse quantité de chaussures on use en ce pays, où les deux tiers de la population marchent pieds nus !

3 mai.

Nous allons à Olympie. Avant huit heures, deux voitures, un landau pompeux et un autre qui l'est beaucoup moins, nous attendent. Andrea, notre hôte, charge les paniers de provisions et monte sur le siège, désireux de présider lui-même aux apprêts de notre déjeuner.

Le chemin cotoie d'abord la grande plaine de l'Elide toute plantée de vignes. Des paysans, armés de soufflets, projettent du soufre sur les ceps pour prévenir l'oïdium. Des cavaliers en fustanelle soulèvent, en passant, des nuages de poussière. La mer se montre à droite, et, tout à l'horizon, la silhouette gris-perle de Zante. Des lacets, que nos chevaux gravissent avec courage sous un soleil de feu, nous mènent au haut d'un contre-fort qui barre la vallée. Les voitures s'arrêtent quelques minutes, pendant qu'un cafetier nous offre des verres d'eau fraiche additionnée de raki. De ce point, les montagnes de la Messénie enchevêtrent leurs masses bleuâtres et découpent nettement sur le ciel les vagues pétrifiées de leurs sommets. La route, mal tracée et nullement entretenue, traverse plusieurs villages, Barbasena, Krekuki, Platanos, Drova, dont les maisons s'espacent confusément sur des pentes nues et poudreuses. Pas une plante, pas une touffe d'herbe n'égaie le seuil de ces misérables logis. Des enfants en guenilles se roulent dans la poussière et ne paraissent pas moins satisfaits d'ailleurs que s'ils s'ébattaient sur un tapis de gazon.

Le chemin coupe deux petites rivières et s'allonge en droite ligne dans une plaine couverte de vignobles, dont quelques groupes d'arbres corrigent un peu la monotonie. Nous sommes dans la vallée du Cladeos, qui se jette plus loin dans l'Alphée. Trois heures après avoir quitté Pyrgos, les voitures s'arrêtent devant une chétive auberge. Naturellement, c'est un établissement dans le genre de certaines *posadas* où le voyageur trouve tout... ce qu'il apporte. Mais la Providence, sous les traits d'Andrea, veille sur nous, et nul souci matériel ne vient distraire nos préoccupations archéologiques.

Nous sommes, en effet, à Olympie. A moins d'un kilomètre, dans un riant vallon, s'étend l'emplacement du bois sacré que les Grecs avaient consacré à Jupiter et peuplé de monuments. Une commission française qui faisait partie de l'expédition de Morée a eu l'honneur de procéder aux premières fouilles, et c'est grâce à ses investigations que le Louvre possède plusieurs métopes du temple de Jupiter, dont la plus remarquable représente Hercule terrassant le taureau de la Crète. Dans les quinze dernières années, les Allemands ont repris ce travail. Un million a été dépensé, les explorations ont été terminées, et un musée a recueilli les précieux fragments que la terre a rendus au jour. Ce n'était à l'origine qu'une baraque en planches. Sur un mamelon qui domine le vallon, les Allemands ont construit récemment un édifice dans le style grec, avec des toits rouges, des enduits légèrement teintés et des frises peintes en bleu.

L'installation de ce musée est excellente. Une vaste salle renferme les deux frontons du temple ou plus exactement ce qu'il en subsiste. Les morceaux ont été disposés comme ils devaient l'être autrefois, et l'imagination des visiteurs, rétablissant les têtes et les jambes qui manquent, arrive sans trop d'effort à reconstituer l'ensemble. Un des frontons, œuvre du sculpteur Pœonios, représente Œnomaüs et Pélops, prêts à se disputer, en présence de Jupiter, le prix de la course. Le roi des dieux et des hommes occupe le centre de la composition. A sa droite, Œnomaüs, puis sa femme Stérops, leur char attelé de quatre chevaux, et Myrtilus qui en était le conducteur ; à sa gauche, Pélops, Hippodamès, sa femme, et leur char. Des esclaves et deux fleuves, l'Alphée et le Cladeos, remplissent les extrémités. Dans l'autre fronton, on voit le combat des Centaures et des Lapithes. Apollon est au milieu des combattants : à sa droite, Thésée lève sa hache pour défendre une femme attaquée par un centaure. Un éphèbe frappe au cœur un autre centaure, qui s'efforce d'entrainer également une femme.

Ces deux œuvres, qui datent de l'époque de Praxitèle, sont d'un grand style. Plusieurs des figures ont la noble simplicité qui est l'attribut de la plus belle période de l'art grec. D'autres affectent la raideur hiératique de l'école d'Egine. Mais quelle ruine, hélas! Pas une statue n'est intacte. Celle qui est le mieux conservée est l'Apollon, auquel il ne manque que la jambe droite. Du Thésée, il ne reste que des fragments presque informes. Certaines têtes de centaures barbus sont devenues absolument frustes ; mais dans ces masques grossiers, on lit encore une vie intense, comme dans les ébauches abandonnées de Michel-Ange.

Au fond de la salle se dresse la *Victoire ailée*, œuvre d'une admirable perfection, due à Pœonios et trouvée en 1878. Les plis du vêtement ont pris, sous l'outil du maître, la légèreté d'une gaze caressée par le vent ; mais la tête a disparu et les bras sont mutilés.

Un portique vous introduit dans une salle de moindres dimensions qui est comme le sanctuaire de ce temple élevé à l'art antique. Celle-ci ne contient qu'une statue ; mais c'est l'*Hermès* de Praxitèle, c'est-à-dire la plus magnifique représentation de la beauté virile que le ciseau du statuaire ait jamais exprimée. Le dieu, la tête penchée, porte de son bras gauche le petit Bacchus, et, de sa main droite, il lui montre un raisin. C'est, au moins, le geste que d'autres figures analogues permettent de restituer, car le raisin a disparu avec l'avant-bras. Les jambes, depuis la rotule, manquent également. On les a néanmoins rétablies en plâtre, grâce à la découverte du pied droit, dont le mouvement a guidé le raccord.

Peut-être une erreur de proportions s'est-elle glissée dans cette opération délicate. M. Six, que nous retrouvons ici, s'indigne devant la reconstitution. Le fait est que les jambes paraissent bien longues, relativement au torse. Mais si une maladresse a été commise, elle n'enlève rien à la sublimité de la figure, où éclate la jeunesse et où respire une sérénité divine.

Je glisse sur les autres richesses du musée. Des métopes représentent les travaux d'Hercule; des vitrines recèlent des bronzes intéressants, un lion d'un beau caractère dans la simplification du détail, une table sur laquelle est gravée une proclamation aux Eléens, un disque votif offert à Jupiter par Publius Asclepiades, vainqueur des cinq jeux, etc.

Il nous reste à nous inscrire sur le registre des visiteurs, qui s'est ouvert le 18 mai 1887, date de l'inauguration du musée. Les premières signatures sont celles du roi Georges et de la reine Olga. Puis viennent celles du comte de Montholon, ministre de France à Athènes, et du général Vosseur, chef de la mission française. Suivent cent cinquante noms anglais et allemands, parmi lesquels je remarque celui de M. Henri Schliemann, l'heureux explorateur de Mycènes et de Troie. Sommes-nous les premiers français qui, en dehors des personnages officiels, aient visité le musée? Nous le croyions d'abord; mais, vérification faite, un ingénieur domicilié à Paris nous a devancés. Nous arrivons bons deuxièmes.

L'heure du déjeuner nous rappelle à l'auberge. Pendant que nous nous pâmions devant l'*Hermès*, Andrea a mis le couvert. Un quartier d'agneau rôti que notre hôtelier s'est procuré, en dépit du carême, une salade additionnée d'œufs durs et de caviar, des oranges et du café nous fournissent les éléments d'un déjeuner vraiment olympien.

Nous descendons ensuite au fond du vallon. Quand nous avons franchi le Cladeos d'une enjambée, nous nous trouvons au milieu des fouilles. Voici d'abord le temple de Junon. Quatre colonnes d'ordre dorique supportaient le fronton. Une vingtaine d'autres, mesurant actuellement 3 mètres de hauteur en moyenne, s'élèvent autour des murs écroulés de la cella. C'est là que l'*Hermès* a été découvert le 10 mai 1877.

Voici le Pelopeion, dont il ne reste que des substructions ; l'Exèdre d'Hérode Atticus ; le temple de la Mère des dieux ; le Proedria, où siégeaient les juges des jeux olympiques ; le passage réservé aux empereurs pour se rendre au temple de Jupiter ; la base triangulaire de la statue de la Victoire ; le Leonidion, une auberge pour recevoir les voyageurs ; le Palestre, dont il reste une demi-douzaine de colonnes à chapiteaux ioniques tout à fait intactes, avec ce détail que la partie inférieure n'en était pas cannelée, afin qu'il n'y eût pas d'arête qui pût blesser les lutteurs ; le Philippeion, édifice en marbre dont la fine ornementation a laissé quelques traces ; l'entrée du Gymnase, où se voient encore de beaux chapiteaux corinthiens, etc.

Mais ce qui nous frappe le plus, ce sont les ruines du temple de Jupiter Olympien, détruit par les tremblements de terre. Ses énormes colonnes doriques ont un diamètre de deux mètres vingt-cinq centimètres. Les convulsions du sol les ont renversées capricieusement. Tantôt les fûts gisent épars dans une confusion inexprimable ; tantôt ils sont couchés les uns contre les autres, dans l'ordre même où ils étaient debout. La colonne se retrouve alors entière, mais à terre. L'herbe et les broussailles ont poussé entre ces débris et leur font un cadre de verdure. Au soleil, — et Dieu sait si cet astre nous prodigue ses faveurs, — la nuance de la pierre est d'un gris doré qui me rappelle celle des temples de Pestum.

Au fond du temple, le gardien du musée qui nous guide dans cette visite nous fait remarquer un reste de pavé : c'était l'emplacement d'une des sept merveilles du monde antique, de cette statue colossale de Jupiter que Phidias avait composée d'or et d'ivoire et qui réalisait dans toute sa splendeur le type de la divinité sous les traits de l'homme.

Les déblaiements s'arrêtent net à un talus dont la hauteur n'excède pas quatre mètres. Il n'y a rien de plus à découvrir. Tous les momuments d'Olympie ont été décrits minutieusement par Pausanias, qui les a vus dans leur intégrité, au deuxième siècle de notre ère, et leur exhumation est aujourd'hui complète.

Non loin de là, l'Alphée roule ses eaux dans un lit sablonneux, encombré de cailloux, divisé par des broussailles. Ce fleuve a quelques écarts de jeunesse sur la conscience. A l'époque où il était un chasseur d'Arcadie, il poursuivit Aréthuse avec une telle persistance que les dieux firent à celle-ci la grâce de la changer en fontaine. Le galant fut par la même occasion métamorphosé en fleuve. Plus tard Hercule le détourna pour nettoyer les écuries d'Augias, qui avait négligé de renouveler la litière de ses trois mille vaches.

Le vallon qu'il arrose est assez joli, du reste, pour le consoler de ces mésaventures. Par suite de la disposition des collines, on le croirait fermé de toutes parts comme un cirque. Ses pentes sont plantées de pins et d'oliviers. Le silence y règne : à peine est-il rompu quelquefois par le cri d'un oiseau qui passe. C'est le vide et la mort, là où se rassemblaient solennellement tous les peuples de la Grèce, là où retentissaient le bruit des chars volant dans l'hippodrome et les applaudissements des spectateurs répétant à l'envi les noms des athlètes victorieux. Des souvenirs de collège reviennent à la mémoire : Thémistocle acclamé, comme un sauveur, après la bataille de Salamine, Alcibiade plusieurs fois vainqueur, Milon de Crotone parcourant le stade avec un bœuf sur les épaules, Néron tombant piteusement dans la lice, etc. Mais le développement de ces contrastes est devenu d'une banalité fâcheuse. Trêve aux amplifications, et en route pour Pyrgos!

Notre retour s'opère en deux heures et demie. En rentrant dans la ville, nos deux voitures font sensation. Les cordonniers eux-mêmes quittent leur alène pour nous contempler à l'aise. Une tournée dans les rues nous donne une médiocre idée de l'art qui préside à la construction. Ce ne sont que vilaines échoppes et petites maisons carrées badigeonnées de rose. Il est vrai de dire que la terre tremble souvent ici et que les maisons à cinq étages seraient fortement compromises. La cathédrale en sait quelque chose. Elle était à peu près terminée, quand une secousse l'a jetée par terre. Le portail a résisté; mais une des tours qui le flanquaient n'est plus qu'un amas de décombres. De l'intérieur, il ne reste que des pans de murs sillonnés de lézardes et des colonnes de marbre à demi brisées.

Une place voisine, où des squelettes d'oliviers simulent une plantation, offre une vue étendue sur la campagne jusqu'à la mer. Des fusées éclatent plus loin. Ce sont des gamins qui fêtent le jeudi-saint et s'amusent à des feux d'artifice, sans le moindre souci des incendies qu'une flammèche peut allumer en tombant sur les maisons de bois.

Tout le monde, du reste, est dehors. Les places, transformées en succursales des cafés, sont garnies de tables et de chaises ; mais les profits des cafetiers doivent être minces. Les clients ne prennent généralement rien. Il leur suffit d'être assis et de humer l'air : ce sont des consommateurs honoraires. Quelques-uns cependant se font servir des verres d'eau dont le coût est de cinq leptas, — lisez un sou. Les plus difficiles y ajoutent une cuillerée de raki, une eau-de-vie de marc parfumée de lentisque, qui n'est pas désagréable ; mais ce raffinement double la dépense.

Nous dinions en paix et nous faisions connaissance avec des courgettes en salade, quand un individu trapu, l'œil clignotant, la peau tannée, la barbe à tous crins, s'approche de nous, et, s'adressant à M. Ber..., lui exprime, avec un fort accent de Marseille, la satisfaction qu'il éprouve à le revoir. M. Ber..., qui ne l'a jamais vu, mais dont la courtoisie ne se dément en aucune circonstance, lui répond vaguement. Le méridional insiste et veut absolument que notre ami soit capitaine de paquebot, qu'il l'ait rencontré au Pirée, etc. Sa méprise nous égaie, et à peine a-t-il tourné les talons qu'une même pensée nous vient à tous : c'est Tartarin de Tarascon. La suite des événements devait nous confirmer dans cette appréciation.

4 mai.

L'horaire des bateaux grecs est une aimable plaisanterie. Le programme de notre journée était celui-ci : prendre le premier train de Katacolo; nous embarquer à huit heures sur le paquebot arrivé la veille; toucher à Zante à onze heures et débarquer à Patras vers six heures. Mais les fantaisies de la navigation ont modifié ces combinaisons.

La seule qui se soit scrupuleusement accomplie c'est notre départ de Pyrgos. Nous nous étions levés dès l'aube, et, quelques minutes avant six heures, nous montions en vagon. A peine installée, Mlle Baz... constate avec terreur qu'elle a oublié les clefs de ses nombreuses malles. Déjà elle a semé sur la route quelques parcelles de ses bagages, des objets de toilette à Corfou, des couvertures à Zante. Par une faveur spéciale du ciel, Andrea, le fidèle Andrea est encore à la gare. En quatre enjambées, il escalade les pentes qui conduisent à l'hôtel, et, au moment où la machine siffle, il reparait, tenant en main le précieux trousseau. Le train était déjà loin que nous continuions à lui envoyer toutes nos bénédictions.

Une heure après, nous sommes à Katacolo ; mais pas de bateau et rien à l'horizon. L'interprète s'informe, court au bureau de navigation, monte au télégraphe, et ne recueille aucune nouvelle. On ne sait quand arrivera le vapeur.

Force nous est de nous organiser

pour un séjour. Toutes les auberges sont ignoblement sales. Nous affrontons cependant le « Xenodokeion to Katacolo », en fermant les yeux pour ne pas voir les nappes, qui n'ont pas été changées depuis la guerre de l'Indépendance. Un de nous manifeste l'intention de prendre du café au lait; mais l'élément essentiel manque absolument dans cette localité aussi dépourvue de pâturages que l'asphalte du boulevard Montmartre. Et cependant, quelque extravagante qu'elle paraisse, cette idée se réalise. Mlle Baz..., toujours prévoyante et soucieuse d'assurer le bien-être de la caravane, s'est pourvue de lait à Pyrgos, et, grâce à elle, nous réussissons à cuisiner notre premier déjeuner.

La lecture — approximative — des journaux grecs nous aide à passer encore une demi-heure. Un numéro de l'*Acropolis* consacre sa première page au personnage encombrant dénommé : « O strategos Boulantze ». Cinq ou six croquis nous retracent le général dépouillant son courrier, — le général écrivant, — le général admirant son buste, etc. L'épidémie sévit donc aussi en Grèce ?

Et puis le temps s'écoule à arpenter le quai de la gare, à interroger l'horizon toujours muet, à causer avec Tartarin qui se rend, comme nous, à Patras. Un être bien typique, ce natif de Toulon ! Il se dit ingénieur et architecte, il travaille à l'embellissement des villes turques et grecques, il a transformé Janina, où il a relevé deux mille cinq cents maisons, il se propose d'en faire autant à Pyrgos qui en a bon besoin. Il a habité Paris dans sa jeunesse ; c'est à lui qu'on doit tous les pavillons d'octroi et même la machine de Marly !

Mais, quelque intéressantes que soient ces confidences, elles n'avancent pas la marche du bateau. Point de nouvelles à dix heures. Un conseil de famille décide qu'il faut déjeuner à Katacolo. M. Maringos se met en campagne, découvre des œufs, déniche des tourterelles, commande une salade de broubes cuites à l'huile, et — gourmandise suprême — nous fait servir de « l'abrotarako. » Ce dernier mets se compose d'œufs de poisson agglutinés comme de la cire et cuits dans une peau. Il paraît que c'est très délicat ; mais je ne m'en suis pas aperçu.

Une fumée se montre, enfin, au loin. Cette fois, c'est bien le bateau. L'embarquement, aux précédentes escales, de moutons pour la Pâques, a retardé sa marche. A midi, il entre dans le port, et nous quittons avec empressement le « Xenodokeion to Katacolo, » à la grande joie de l'hôtelier et de ses auxiliaires, dont notre présence troublait le repos et dérangeait les habitudes.

Le *Sphacteria* est bien aménagé, les cabines sont assez confortables, le salon est même pourvu d'un éclairage électrique, avec cette simple restriction que l'appareil ne fonctionne pas. Partis à une heure, nous sommes à trois heures et demie dans le port de Zante. Vingt barques accostent et le pont est envahi. C'est pendant un quart d'heure un désordre inconcevable, des cris dans toutes les langues, des querelles bruyantes, un flot de paroles inutiles, une agitation d'énergumènes, sans autre raison appréciable qu'un besoin irrésistible de mouvement et de tapage.

Je descends à terre avec M. Maringos, et nous nous acheminons vers la citadelle. Quand on a quitté la route, un sentier se faufile entre les oliviers et conduit en une demi-heure d'ascension aux premiers bastions. Du haut de l'esplanade, nous embrassons d'un coup d'œil toute la région que nous avons parcourue avant-hier, la plaine et ses vignobles, les jolis villages, les côtes de Céphalonie, le cap Khieri. Mais c'est du côté de Zante que le panorama est réellement merveilleux. Un bastion avancé nous fournit le plus favorable de tous les belvédères. A nos pieds, les pentes sont couvertes de jardins, de petites villas, de plantations d'oliviers entremêlées dans un pittoresque désordre, qui établissent une zone de verdure entre les escarpements de la citadelle et la belle courbe de la baie. La mer est d'un gris bleuté et reflète si fidèlement le ciel que la ligne de démarcation demeure invisible à l'œil. Sur ce fond léger, aérien, qui donne même l'impression du vide, comme si l'on était au bord d'un abime, se détachent, concentrant toute la lumière du tableau, les maisons blanches et les campaniles de Zante. Au delà d'une riche plaine semée de maisons de plaisance, le mont Scopos dresse sa cime altière. A l'est, par un contraste étrange avec cet aspect si riant, si profondément méridional, le regard plonge dans d'effroyables précipices. Toute cette partie de la montagne est ravinée d'une manière presque invraisemblable. C'est l'œuvre des tremblements de terre, et elle a été complétée par les pluies qui ont eu facilement raison de ces roches désagrégées.

Quand nous avons contemplé cette belle perspective jusqu'à ce qu'elle soit, pour ainsi dire, photographiée dans notre rétine, nous descendons à Zante par un sentier qui serpente à travers les haies en fleur, les maisonnettes roses, les aloès et les hauts cyprès. A chaque détour, le point de vue change sans cesser d'être délicieux. La ville est au repos. La solennité du vendredi-saint a fermé les boutiques et interrompu le travail. Toutes les femmes sont derrière leurs persiennes vertes et leurs yeux noirs brillent entre les lames.

Des fidèles entrent à l'église de Saint-Denis. Le corps du saint — un saint tout-à-fait local — est exposé, par exception, à la vénération publique. La châsse d'or rayonne sous un superbe baldaquin d'argent repoussé. Derrière ses panneaux de verre, j'aperçois une épouvantable momie revêtue d'habits épiscopaux. Tout à côté, des plaques également en argent repoussé représentent la sainte Vierge et des saints. Quatre énormes candélabres en argent massif se dressent contre le mur de l'iconostase. Les fidèles défilent et baisent la châsse, puis les saintes images. A l'entrée de l'église est le tombeau : un christ en bois découpé gisant sous une espèce de cénotaphe. Des femmes, des enfants et quelques hommes assis dans les stalles s'en constituent les gardiens. Mais ici la dévotion n'impose pas le silence. Toutes les commères jacassent comme des pies, les enfants jouent sans contrainte, et les heures de garde paraissent s'écouler agréablement.

La soirée est chaude et calme. Du pont du *Sphacteria*, Zante, avec ses lumières et le développement de son quai, donne l'impression d'une grande cité. L'ingénieur Tartarin continue ses récits. On parle traversée et gros temps :

— « C'est moi qui en ai vu, des tempêtes », nous conte-t-il, « des tempêtes comme personne n'en a vu. Je me trouvais un jour sur la Méditerranée, quand un ouragan se déchaîne. Le bateau menaçait de sombrer, et le capitaine, désespérant du salut, s'était attaché au mât. Seul, je me promenais tranquillement sur le pont, les mains dans mes poches. Tout-à-coup j'aperçois, venant sur nous, quelque chose de monstrueux..... »

— « Un lion ? » s'écrie anxieusement M. Maringos, la mémoire toute farcie des exploits de Tartarin.

— « Non, une vague », répond l'ingénieur, sans être le moins du monde étonné de l'interruption, « une vague effroyable, une trombe d'eau qui balaie le pont et emporte tout. Je ne bronche pas. Quand le capitaine à demi-noyé reprend ses sens, il me complimente sur ma tenue. « Té ! mon bon », lui dis-je « c'est qu'on est malin à Toulon. »

N'est-ce pas du Tartarin tout pur ? Nous avons été nous coucher sur ce mot de la fin, en retenant mal un fou rire.

5 mai.

Le *Sphacteria* s'est mis en marche à deux heures. Quand nous nous levons, il contourne le cap Papa et entre dans le golfe de Patras. Bientôt, il stoppe en vue de Missolonghi, mais à une grande distance à cause du peu de profondeur des eaux. Plusieurs barques à voiles l'accostent. Une quarantaine d'Albanais, dont les sordides vêtements mille fois rapiécés constituent d'étonnantes mosaïques, s'empilent dans la première : ce sont des ouvriers agricoles qu'un propriétaire a embauchés et qu'il conduit à la campagne.

L'aspect de Missolonghi n'échauffe pas beaucoup nos imaginations. La ville s'étend, sans relief et sans caractère, au milieu d'une plaine marécageuse qui se perd dans les lagunes. D'assez hautes montagnes, encore à demi voilées par les brumes du matin, se montrent plus loin. Tout au fond de la baie, que de sombres collines séparent de la vallée de l'Achéloüs, brillent les maisons blanches d'Anatolico. Comme l'équipage s'occupe à décharger vingt-cinq blocs de marbre de Paros, le temps ne nous manque pas pour contempler l'horizon. Au sud, nous saluons l'Erymanthe, que nous avons vu de Katacolo sous une autre face. Entre temps, l'ingénieur Tartarin nous initie à ses relations de famille : « Thiers était mon cousin », me dit-il. « Et Emile Ollivier ! quel ami ! Avons-nous assez joué, dans notre enfance, au Beausset ? Quant à ma femme, elle a été élevée à l'école de Démosthène. »

J'avoue qu'il m'a fallu trois minutes de réflexion pour comprendre qu'il s'agissait de Démosthène Ollivier.

Nous naviguons, en effet, au milieu des souvenirs les plus classiques. Un mont dentelé lève son front brillant de neige par-dessus les chaînes de la Phocide : c'est le Parnasse, ce fameux Parnasse que nous avons tant de fois et si vainement invoqué dans l'élaboration de nos vers latins. Mais déjà Patras se développe en amphithéâtre sur les premières pentes du mont Panachaïcon. Le *Sphacteria* jette l'ancre, à neuf heures et demie, dans le port. En quelques minutes, nous gagnons l'hôtel d'Angleterre, qui nous paraît d'une rare splendeur après Pyrgos et Katacolo. Une courte promenade me donne une idée très suffisante de la ville. Les rues, larges et régulièrement bâties, se coupent à angle droit. Beaucoup de maisons sont teintées de rose, de jaune, ou de bleu clair. La place du Théâtre, plantée d'acacias, décorée de deux fontaines en bronze, est d'une correction toute moderne. La cathédrale a une façade en marbre, et, à l'intérieur, une ornementation chatoyante où l'art n'a pas grand'chose à voir. Et c'est tout. Aucune surprise n'attend le touriste dans cette cité neuve et tirée au cordeau.

A midi, nous prenons le chemin de fer qui, depuis la fin de janvier, met Patras en communication avec l'isthme de Corinthe et Athènes. M. Maringos, qui a pourvu au transport des bagages, nous a retenu un salon, dont les larges vasistas nous offrent une vue sans obstacle sur la route intéressante que nous allons parcourir. Presque au sortir de Patras, les Châteaux de Roumélie et de Morée, vieilles fortifications basses, commandent l'entrée du golfe de Corinthe. Plus loin, Lépante nous rappelle la victoire de ce nom. Les stations ont de beaux noms sonores, Psathopyrgos, Aigion, Akrata, Diacopton. Le golfe, uni comme une glace, ressemble à s'y méprendre à un lac de Suisse, et des tons d'un bleu pâle revêtent les montagnes allongées sur l'autre rive.

La région que la voie traverse est plantée de vignes; mais ce n'est qu'une bande de terrain, resserrée entre le golfe et la chaîne des monts Aroaniens, dont les flancs coupés de ravins laissent échapper de petits fleuves. Certains de ces ravins sont affreusement sauvages. Les parois des rochers entre lesquels les eaux se sont frayé un passage se rapprochent tellement qu'il y règne une demi-obscurité. On conçoit que l'imagination des anciens ait peuplé d'êtres malfaisants ces sites farouches ou leur ait même attribué un caractère infernal. La gorge du Krathis m'a semblé tout particulièrement terrifiante. La carte nous apprend que, dans son cours supérieur, ce fleuve est voisin d'un petit torrent qui n'est autre que le Styx. Nous ne nous savions pas si près des enfers. Ce qui paraît le moins effrayant dans cette succession de fleuves, c'est le volume de leurs eaux. Leurs lits ne recèlent, en général, que des cailloux et leurs embouchures sont purement nominales. Je me rappelle, que dans son *Abrégé de l'Histoire grecque*, M. Duruy apprend à la jeunesse studieuse que « ces torrents coulent à sec »; mais je ne suppose pas que ce soit cette phrase qui ait conduit l'éminent historien à l'Académie française.

Parfois la montagne projette ses contreforts jusqu'à la mer, et le chemin de fer court en corniche contournant les caps et les criques. Le Parnasse se laisse voir par intervalles. Vis-à-vis de Sicyone, nos regards sont attirés par une belle montagne bleuâtre à deux pointes : c'est l'Hélicon, séjour favori des Muses. Le fond du golfe apparaît, divisé par la chaine des monts Géraniens, qui s'avance comme un large promontoire. On prétend que c'est au pied de ce promontoire que Médée a égorgé ses deux fils ; mais ce massacre est fort douteux. Des commentateurs d'Euripide affirment que ce sont les Corinthiens qui ont assommé les enfants à coups de pierres. Plus tard, leurs magistrats engagèrent le grand tragique à mettre l'événement sur le compte de la mère, et, pour accélérer sa décision, ils lui donnèrent vingt-sept mille francs. Déjà des pots-de-vin !

L'Acro-Corinthe nous distrait promptement de ces souvenirs. Le rocher s'élève superbe, abrupt, isolé, en avant des montagnes de l'Argolide, dont les sommets s'élancent en pointes aiguës. Corinthe : dix minutes d'arrêt, buffet. L'annonce paraît d'une singulière banalité ; mais elle ne détonne pas avec l'aspect de la ville, qui est de la plus parfaite insignifiance. Le chemin de fer, s'engageant dans l'isthme, monte pendant trois kilomètres. Un pont franchit une immense tranchée : c'est le canal maritime, que nous reverrons demain. La voie descend ensuite à travers des terrains incultes et des bois de sapins, jusqu'à Kalamaki, où nous débarquons à six heures.

Des voitures nous transportent aussitôt à Isthmia, où est l'entrée Est du canal. Des baraquements destinés à loger les ouvriers attachés aux travaux, quelques débits de boissons, quelques pauvres boutiques constituent toute la ville. Au bord de la mer Egée s'élèvent deux constructions de belle apparence ; l'une est la villa du général Türr, concessionnaire de l'entreprise du canal ; l'autre est la maison d'administration, où sont installés les bureaux et où M. Baz..., qui doit y loger pendant la durée de son inspection, nous offre l'hospitalité.

Au moment où les voitures s'arrêtent devant la porte, le général Türr vient nous souhaiter la bienvenue et nous invite aimablement à diner. Une demi-heure après, nous frappons à la porte de son jardin, gardée par un vigoureux Monténégrin, qui baise avec effusion les mains de M. Baz... La situation de la villa est magnifique. La verandah donne sur la mer, qui vient en caresser les soubassements. Des rosiers grimpants s'accrochent aux colonnettes et forment un réseau de fleurs et de verdure à travers lequel on voit scintiller les flots plissés par la brise. Tout le golfe Saronique se déroule sous les yeux; au fond, les îles d'Egine et de Salamine dessinent leurs arêtes rocheuses.

La décoration intérieure de la villa est charmante. Le goût raffiné de Mme Türr a su lui donner un caractère à la fois exotique et artistique. Le petit salon est tendu d'une étoffe gris-mastic, sur laquelle des panneaux en voile de Gênes projettent capricieusement leurs ramures chimériques. Partout des vases, des miniatures, des bibelots distribués avec un art exquis; sur un casier, en bonne place, le portrait du prince Napoléon; aux murs, des gravures de Rembrandt. Dans le grand salon, c'est l'andrinople qui fait valoir les meubles et les vases de Chine. Et quand, dans la haute salle à manger, nous nous trouvons réunis autour d'un élégant couvert, nous ne pensons pas sans sourire à la nappe sale et à l'abrotarako de Katacolo.

Hongrois de naissance et italien par naturalisation, le général Türr a soixante-trois ans. Grand, mince, les yeux bleus, il porte l'impériale et de longues moustaches, jadis blondes, aujourd'hui très grisonnantes. Sa vie a été semée d'étranges aventures. Officier dans l'armée autrichienne, colonel d'une légion hongroise insurrectionnelle, volontaire en Crimée, condamné à mort, aide de camp de Garibaldi, général de division dans l'armée italienne, gouverneur de Naples, il a passé par bien des péripéties. Il a épousé, en 1861, la princesse Adelina Bonaparte-Wyse, petite-fille de Lucien Bonaparte. Actuellement, il s'occupe avec activité de l'administration de la grande entreprise dont il a obtenu la concession. Le roi de Grèce lui a donné des terrains considérables qui avoisinent le canal, et une partie d'Isthmia s'étend sur le périmètre de ces terrains, auxquels le percement de l'isthme ajoutera une grande valeur.

Je n'ai pas à juger ici les idées politiques du général. S'il s'est trompé, c'est assurément de la meilleure foi du monde. L'imagination domine chez lui, et les instincts positifs, les calculs mesquins, les combinaisons terre à terre de notre époque révoltent sa nature généreuse. Cet homme-là est venu trop tard au monde.

6 mai.

M. Baz... est chez lui à Isthmia, et il nous en fait les honneurs avec une bonne grâce doublée d'une érudition qui n'est jamais en défaut. Toute la région est couverte de ruines, mais si informes ou si enterrées que les archéologues les plus sagaces en sont eux-mêmes réduits aux conjectures. Ce qu'on reconnaît le mieux, c'est le mur qui fermait l'isthme d'une mer à l'autre. On distingue aussi l'emplacement du théâtre et celui du stade où se célébraient les jeux Isthmiques. Il reste enfin partie d'une porte de la forteresse, qui était flanquée de deux tours et ornée de pilastres. Des fouilles opérées par l'Ecole française d'Athènes, grâce aux libéralités du général Türr, ont mis au jour des fragments de corniche, des fûts de colonnes cannelées, qui attestent encore la richesse de la décoration.

Le terrain de l'isthme est presque partout sec, pierreux, aride. Des morceaux de marbre jonchent le sol, à demi cachés par les lentisques. Çà et là jaunissent de petits carrés d'orge qu'on fauchera dans une quinzaine pour en nourrir les chevaux. Un bois de pins, jadis consacré à Neptune, très clairsemé aujourd'hui, couvre les pentes voisines du chemin de fer ; mais ces arbres sont rabougris. Tous les quinze jours, en effet, les gens du pays viennent y faire des incisions pour en extraire la résine, qu'ils mettent ensuite dans leur vin. Avant peu, sous l'action de ces saignées abusives, le dernier pin aura vécu.

Mme Türr est revenue, ce matin,

d'Egypte. Elle signale son arrivée en envoyant à M. Baz... un fromage à la crême et des fraises qui sont accueillies avec enthousiasme. On ne se figure pas la valeur d'un pareil dessert dans cette région où le bétail est inconnu et où le jardinage est un luxe de millionnaire. Aussi ne tardons-nous pas à porter nos remerciements et nos hommages à l'aimable donatrice, dont les traits charmants font penser aux belles princesses de la famille Bonaparte. Pendant que nous devisions avec elle sous la verandah, un orage éclate soudain. La foudre tombe en mer, à quelques centaines de mètres, puis le ciel se rassérène, et quand nous montons en voiture pour aller visiter les travaux du canal, la mer Egée miroite de nouveau sous les rayons ardents du soleil.

L'ancienne route de Kalamaki à Loutraki, que nous suivons d'abord, s'élève en serpentant à travers un terrain onduleux, planté de pins et coupé d'excavations. A l'entrée du canal, on remarque encore la tranchée pratiquée par

Néron, qui avait rêvé de percer l'isthme et commencé même certains travaux. Le canal qu'il projetait devait être creusé exactement dans le même axe que celui qui est en cours d'exécution.

Après une pénible montée, les voitures s'arrêtent. Nous sommes au « balcon », une avance en planches qui a été établie, l'an dernier, au tiers de la longueur du canal, pour la visite du roi de Grèce. De ce point, l'aspect de la tranchée est saisissant et même vertigineux. Elle est faite d'une mer à l'autre, et, de chaque côté, sur un millier de mètres, l'eau entre librement. Nous sommes à quarante-cinq mètres au-dessus du chantier, et, à cet endroit, il reste à creuser vingt-huit mètres pour atteindre le niveau du canal. L'entreprise s'aperçoit d'un seul coup d'œil dans sa grandiose simplicité.

M. Baz... nous donne des renseignements précis sur ce travail, auquel il consacre les loisirs de sa verte vieillesse. A l'origine, quelques erreurs ont été commises. On avait espéré désagréger le terrain au moyen d'explosifs et l'enlever ensuite avec des dragues, mais on a dû y renoncer. Des engins puissants, achetés à grands frais dans ce but, encombrent, comme des meubles inutiles, les deux entrées du canal. On procède autrement aujourd'hui, on fore des puits disposés en entonnoirs, et l'on pratique des galeries qui passent au-dessous. Des vagons circulent dans ces galeries, reçoivent les terres que les ouvriers détachent, et les emportent aux « décharges ». L'entreprise en compte six cents. Dix locomotives et vingt-cinq kilomètres de voies ferrées concourent à cet immense travail de déblai.

Le canal aura six kilomètres de longueur, vingt-deux mètres de largeur et huit mètres cinquante centimètres de profondeur d'eau. Le terrain, dans son ensemble, est tertiaire supérieur. Déjà six millions et demi de mètres cubes ont été enlevés. Il en reste à extraire, soit trois millions, soit cinq millions suivant le profil du talus qui sera définitivement adopté. Le point culminant de l'isthme est à soixante-dix-huit mètres au-dessus du niveau de la mer et sera à quatre-vingt-six mètres cinquante centimètres du plafond du canal. Les talus, qui devaient être, selon le projet primitif, inclinés au dixième, c'est-à-dire avec un mètre de base pour dix mètres de hauteur, seront définitivement profilés à des inclinaisons variant entre deux dixièmes et sept dixièmes.

Une banquette de deux mètres de largeur courra le long du canal. M. Baz..... songe aussi à clore la tranchée, pour éviter les accidents. Déjà des ouvriers ivres, rentrant le soir, sont allés s'écraser au fond. Mais il ne saurait être question d'une clôture en planches, en treillage ou en fil de fer. Avant huit jours elle aurait disparu. On vole tout en ce pays. Quand le roi a inauguré les travaux du percement, des médailles et des monnaies avaient été enfouies au pied d'un petit édifice. Quelques jours après, elles étaient enlevées. Si l'on établit une clôture, ce sera un mur ou un fossé qui ne tentera pas la cupidité.

L'entreprise occupe seize cents ouvriers, italiens, grecs, monténégrins et surtout arméniens. Chacun d'eux enlève de trois mètres et demi à quatre mètres cubes de terre par jour et reçoit une paie qui varie entre 3 fr. 50 c. et 4 fr. La situation sanitaire est excellente. L'hôpital, que nous avons visité ce matin, ne renferme en ce moment que six malades.

Selon des calculs sérieux, l'exécution du canal réclamera encore trois ans. Quelle sera l'influence de cette nouvelle voie sur le transit? C'est ce qu'il serait bien difficile de prévoir, surtout en présence du développement des chemins de fer grecs. Qu'il me suffise de noter que, lorsque le canal sera ouvert, les paquebots de Trieste à Constantinople gagneront trente-six heures et ceux de Marseille quatorze heures.

Mais assez de chiffres et de statistique. Du « balcon, » nous nous dirigeons vers le chantier de la « calotte » qui occupe le point le plus élevé de l'isthme. On n'y travaille pas aujourd'hui. En l'honneur de la Pâque, les ouvriers ont brûlé de la poudre toute la matinée, et ils se reposent l'après-midi. Les costumes de cette population sont très variés et partout les vestes rouges des Arméniens tranchent sur les tuniques blanches des Monténégrins. Les mœurs ne diffèrent pas moins. Les Arméniens ne logent pas dans les baraquements, comme les ouvriers des autres nationalités. Ils se sont fait des huttes en terre et vivent à cinq ou six dans ces affreux gourbis. En traversant un campement, nous assistons aux danses des Monténégrins, qui, enlacés l'un à l'autre, forment une ronde. Les Grecs ont d'autres amusements, dont le plus apprécié consiste à pendre un mannequin à une potence.

Du pont du chemin de fer, nous descendons à Posidonia, où est l'entrée ouest du canal. Il y a là une maison d'administration, des ateliers, des logements d'employés et d'ouvriers. Un bac nous ramène de l'autre côté. Au fond de la baie, au pied des monts Géraniens, se blottissent les maisons de Loutraki, qui a un petit port et qui est même une station de bains de mer.

Des nuages se forment dans la soirée. Irons-nous demain à l'Acro-Corinthe? Le ciel en décidera.

7 mai.

Hélas! le ciel paraît se prononcer pour la négative. Des nuées grises trainent leurs franges le long des montagnes. Egine, Salamine et même le cap Sunium se découpent avec une netteté de mauvais augure. La pluie n'est pas loin. La raison nous conseille de partir pour Athènes. Et comme je regrette l'excursion manquée de l'Acro-Corinthe :

— « Que voulez-vous? » me dit l'un des nôtres. « Il était écrit que ce serait notre premier *accroc*. »

En attendant le départ, je visite Isthmia. Les rues et les places sont régulièrement tracées : il n'y a guère que les maisons qui manquent. Quatre pieux supportant une couverture en branches de pin entrelacées constituent un cabaret. La boucherie se débite en plein air. Quelques baraques en planches étalent, sous des auvents enguirlandés de verdure, les marchandises qui ont cours ici, l'épicerie, le tabac, les liqueurs et surtout les chapelets à égrener.

Nos malles étaient bouclées, quand Mme Türr survient :

— « Vous ne pouvez pas partir », s'écrie-t-elle, « vous dînez chez moi ce soir, et d'ailleurs vous n'avez pas vu mes poules. »

L'argument était sans réplique. On déboucle les malles, on déjeune, et comme la pluie, toujours menaçante, ne se décide pas à tomber, on part pour Corinthe.

La route n'est qu'une fondrière. Je ne sais par quel miracle de carrosserie nos landaus résistent aux cahots, qui devraient en briser cent fois les ressorts.

Bientôt une averse se déclare et nous accompagne jusqu'à Vieux-Corinthe. Quelques pauvres maisons, deux modestes auberges, une demi-douzaine de cyprès marquent l'emplacement de la riche et voluptueuse cité que Laïs a rendue fameuse et que le consul Mummius a si parfaitement pillée. A l'ouest se dressent les ruines d'un temple d'ordre dorique. Six colonnes trapues profilent vigoureusement leurs silhouettes. La septième a été renversée par le tremblement de terre de 1858, qui a détruit presque entièrement la ville. Un fragment d'architrave, également ébranlé, reste comme suspendu dans le vide.

Le temps n'est pas engageant. Cependant, en compagnie de M. Maringos, je commence à gravir les pentes de l'Acro-Corinthe, qui s'élève à 575 mètres au-dessus de la ville. On y monte sans difficulté par un chemin sinueux, qui, après en avoir contourné la base, s'enfonce dans un grand ravin. L'atmosphère est lourde, orageuse, la pluie ne cesse pas. M. Maringos ruisselle de sueur et se déclare bientôt exténué. Ces Levantins ont l'habitude de se faire voiturer, et la marche a vite raison de leur énergie. Un petit chevrier se trouve là par hasard. L'interprète me confie à sa haute direction et redescend à Corinthe. J'atteins en trois quarts d'heure l'enceinte des fortifications qui défendaient jadis l'Acropole. Une porte flanquée de tours donne accès dans un ensemble de ruines assez considérables pour occuper pendant des siècles toutes les sociétés archéologiques. Les âges et les styles les plus divers se heurtent et se superposent. Des murs aux larges assises dénotent une origine pélasgique, tandis que les débris de constructions franques et les restes d'une ville turque rappellent les conquêtes successives dont cette situation formidable a été l'objet.

Avant d'arriver au plateau, je m'arrête à la fontaine de Pirène. C'est là que Bellérophon, partant pour combattre la Chimère, saisit le cheval Pégase, au moment où cet illustre quadrupède

venait se désaltérer. On y descend aujourd'hui par une vulgaire échelle. L'eau est très limpide et très fraîche. J'en fais remplir par mon jeune guide une bouteille que j'avais apportée sur le désir de M. Baz... Nous la déboucherons demain et nous boirons dans de petits verres ce liquide aimé des Muses.

Une demi-heure après, je touche le sommet de l'Acro-Corinthe, dont les restes d'un temple consacré à Vénus occupent la pointe extrême. Du haut de ses murs, je découvre, comme sur une carte en relief, la majeure partie de la Grèce. La pluie a cessé, le ciel s'est dégagé, et le soleil, chassant les nuées, éclaire un panorama d'une admirable grandeur. Au nord, le golfe de Corinthe reflète dans ses eaux limpides les montagnes de la Phocide et de la Béotie. Le Parnasse se cache dans la brume, mais l'Hélicon daigne se laisser voir. Par-dessus les monts Géraniens, le Cithéron montre aussi sa tête bleuâtre. A l'est, l'œil embrasse d'un regard l'isthme tout entier qui, de cette élévation, paraît absolument plat et ressemble, avec ses alternatives de champs d'orge et de bois de sapins, à un tapis vert et jaune jeté entre les deux mers. Puis, c'est Salamine, Egine, la côte du Parnès, et, aux confins de l'horizon, le mont Hymette, sur lequel s'égare un rayon de soleil qui blanchit ses pentes dénudées. Au sud, des brouillards enveloppent les plus hautes cimes du Péloponèse. Le Taygète ne répond pas à mon appel ; le Cyllène et l'Erymanthe se dissimulent aussi ; mais, à part ces lacunes, l'ossature de la contrée s'accuse avec une remarquable puissance.

Voici l'Argolide, traversée par un chemin de fer, dont les stations portent ces noms prestigieux, Némée, Mycènes, Argos, Tyrinthe ; voici la ceinture de montagnes qui enserre l'Arcadie comme un cirque ; voici la plaine de Corinthe et celle de Sicyone, auxquelles leurs cultures variées, orge mûrissante, blé encore vert, vignes, terres labourées, donnent l'aspect d'une marqueterie. Et au premier plan, des escarpements, des rochers moutonnants, égayés par des fleurettes jaunes, des murailles croulantes, montant et descendant avec les accidents du sol, un enchevêtrement de constructions ruinées qui égale en invraisemblance les conceptions fantastiques de Gustave Doré.

Quarante minutes m'ont suffi pour descendre à Corinthe, où m'attend un spectacle intéressant. C'est aujourd'hui le lundi de Pâques, et les paysans se divertissent. Aux sons d'une flûte et d'une grosse caisse, ils exécutent une sorte de farandole qui paraît être une réminiscence des anciennes danses grecques. Le conducteur seul fait des pas et des gestes, les autres danseurs se bornent à tourner, en interrompant la ronde, à de courts intervalles, par un mouvement de va-et-vient. L'occasion est excellente pour voir les costumes nationaux, qui ne se portent que dans les grandes circonstances. Les hommes ont la veste blanche brodée, la fustanelle et le fez à gland bleu, que remplace quelquefois un déplorable chapeau de paille. Les femmes portent, par dessus une longue chemise brodée à la partie inférieure et aux manches, une robe de laine, courte et blanche, un tablier rayé à volants et, autour de la taille, un fichu de laine rouge. Un foulard leur couvre la tête; des bijoux, des colliers formés de pièces de monnaie scintillent dans leurs cheveux ou autour de leur cou. Deux ou trois confections européennes font tache dans cet ensemble original. Les types n'ont pas de caractère. Ce sont simplement des figures rustiques, et le respect de la vérité m'oblige à confesser qu'aucun profil ne m'a rappelé, même de fort loin, les lignes sculpturales qui inspirèrent Phidias et Praxitèle.

A Néa-Corinthe, on danse également, mais sans musique et aux accents nasillards des femmes, dont plusieurs sont d'un âge avancé. La ville, qui date d'une trentaine d'années, est bientôt vue et encore plus tôt décrite. Des rues qui se coupent à angles droits, des maisons basses, une promenade plantée de pins et de poivriers sauvages, la banalité moderne sans l'excuse de la propreté.

La table hospitalière de Mme Türr nous réunit tous à sept heures. La générale est charmée d'apprendre que ce séjour à l'Isthme nous a plu beaucoup, mais elle insiste avec la dernière énergie pour nous montrer ses poules. Ce sera pour demain.

8 mai.

Nous les avons vues, ces poules. Eh bien ! la visite nous a offert plus d'intérêt que nous ne pensions. Sur le sol le plus aride et le plus ingrat, Mme Türr, à force de persistance et de volonté, a réussi à créer un véritable jardin d'acclimatation. Elle s'est procuré les meilleurs types de gallinacés, et elle les élève dans de petits parcs verdoyants, où ces volatiles prospèrent et pullulent.

Un quartier spécial est réservé aux lapins, dont les espèces ne sont pas moins variées. Des autruches se promènent gravement dans un enclos. Un jardin potager fournit à la maison les légumes et les fruits nécessaires ; mais comme le vol fleurit dans la région, trois Monténégrins armés jusqu'aux dents veillent jour et nuit pour protéger les salades et sauvegarder les choux-fleurs.

Nous faisons nos adieux au général et à Mme Türr, emportant le meilleur souvenir de leur accueil, et, après avoir serré aussi la main de l'interprète, dont l'obligeance nous a épargné mille petits soucis, nous prenons la route de Kalamaki. Non content de nous avoir offert la plus cordiale hospitalité, M. Baz... veut nous accompagner à Athènes et nous faire profiter de l'expérience que lui ont acquise ses précédents voyages.

Au sortir de la gare, le chemin de fer gravit les derniers contreforts des monts Géraniens, en vue de la mer, qu'il longe constamment. Les courbes sont innombrables, et leur rayon s'abaisse parfois jusqu'à cent dix mètres. A chaque tournant, il semble que la locomotive va s'abimer dans le vide. Nous passons sous les Roches Scironiennes, qui avaient un mauvais renom dans l'antiquité. Le brigand Sciron précipitait de là les voyageurs dans les flots ; mais son industrie est tombée en désuétude, et peut-être aujourd'hui n'aurait-il d'autre ressource que de solliciter un poste de chef de gare sur la ligne.

Le train est bondé de voyageurs. La plupart descendent à Mégare. Ils vont assister aux danses en costume national, qui n'ont lieu que deux fois par an et dont celles de Corinthe m'ont donné hier un aperçu. La ville s'élève en amphithéâtre sur le penchant d'une colline. Avec ses maisons carrées, dépourvues de toits, plantées au hasard, ses murs lézardés par les tremblements de terre, elle a un aspect ruiné. La voie traverse ensuite une plaine couverte d'oliviers et se dirige vers Eleusis. Encore une cité qui n'a guère d'autre prestige que celui des souvenirs. Bientôt des jardins annoncent l'approche de la capitale. Le Parthénon apparaît au sommet de l'Acropole. A deux heures nous sommes à Athènes, et, un quart d'heure après, à l'hôtel de la Grande-Bretagne, où nous trouvons une confortable installation.

Un soleil étincelant éclaire notre première excursion. La pureté de l'atmosphère justifie bien la vieille réputation du ciel de la Grèce, dont l'azur n'est pas intense, comme certains se l'imaginent, mais très clair, à force d'être saturé de lumière. Nous franchissons le médiocre ruisseau qui répond au joli nom d'Ilissus, et nous nous arrêtons d'abord au Stade Panathénaïque, creusé entre deux collines et arrondi à son extrémité. Plus loin, au milieu d'une petite plaine nue et poudreuse, le temple de Jupiter Olympien élance ses hautes colonnes. La ruine est du plus imposant effet, et vingt siècles de soleil l'ont revêtue d'une chaude patine.

Il est à noter que les anciens Grecs n'ont jamais vu ce temple dans son état d'achèvement : commencé cinq cent trente ans avant J.-C., il n'a été terminé par l'empereur Adrien que sept cents ans après la pose de la première pierre. C'est, en définitive, de l'art romain.

L'Arc d'Adrien, qui se dresse vis-à-vis, appartient au même art, et son style fait même peu d'honneur au bon goût de l'empereur, qui l'avait érigé pour séparer, comme le porte une double et prétentieuse inscription, l'Athènes de Thésée de l'Athènes d'Adrien.

Dans une rue voisine, nous trouvons le monument Chorégique de Lysicrate, longtemps désigné sous le nom de Lanterne de Démosthène. C'est une rotonde en marbre blanc, élevée sur un socle carré et surmontée d'un fleuron finement ouvragé. Le gracieux édicule date de la belle époque de l'art grec.

En pénétrant dans le Théâtre de Bacchus, — de Dyonisos, comme on dit aujourd'hui — on a l'illusion de la vie antique. Les déblais ont mis au jour non seulement l'orchestre et la scène, mais aussi les degrés de l'hémicycle et les soixante-sept sièges réservés des premiers rangs. Quand on lit, gravés sur ces sièges de marbre, les titres des dignitaires qui les occupaient, il semble que la civilisation grecque secoue la poussière des âges et se lève brusquement. La stalle sculptée du prêtre de Bacchus — « Iereos Dionusou Eleuthereos » — est encore à sa place, et celle du prêtre d'Esculape, celles du prêtre des Grâces, du stratège, de l'hiérophante d'Eleusis, de l'exégète chargé d'expliquer les oracles d'Apollon Pythien, etc. Et c'est de cette scène, décorée de bas-reliefs, que les pièces de Sophocle, d'Euripide, d'Aristophane soulevaient les applaudissements de trente mille spectateurs étagés sur vingt rangs de gradins.

Le Portique d'Eumène, l'Odéon d'Hérode Atticus nous arrêtent au passage ; mais nous avons hâte de voir le Parthénon. Une route bordée d'aloès gravit la colline de l'Acropole. A l'occasion des fêtes de Pâques, le populaire s'est répandu dans l'enceinte, et ce fourmillement d'Hellènes endimanchés nous sourit médiocrement ; mais ce n'est de notre part qu'une simple visite d'arrivée. L'heure est bien choisie, du reste ; le soleil déclinant dore les vieilles murailles ; le ciel bleu sert de fond aux marbres pentéliques, détache les colonnes et prête aux statues une légèreté aérienne. Nous entrons par la porte de Beulé, et, au haut de l'escalier, laissant à droite le charmant petit temple de la Victoire Aptère, à gauche la Pinacothèque, nous franchissons le double portique des Propylées. Soudain le Parthénon se dresse devant nous. Ah ! c'est bien une ruine, et nous ne résistons pas à l'envie de maudire — une fois de plus et après tant d'autres — les Turcs, les Vénitiens, les Anglais, tous ces barbares qui ont concouru à dégrader ou à spolier cette merveille de l'art hellénique. La dévastation a été si complète que l'imagination supplée difficilement aux énormes lacunes. Du fronton oriental, il ne subsiste à peu près rien. C'est au British Museum qu'il faut aller voir, noircis par les fumées de Londres, le groupe de Cérès et Proserpine et celui des trois Parques. Les métopes ont été brisées à coups de marteau et la Cella n'a même pas laissé de traces. Deux figures seules, Cécrops et Aglaure, restent au fronton occidental. La frise a échappé aussi, de ce côté, aux bombes de Morosini et au pillage de lord Elgin; mais elle se dérobe au regard dans la pénombre du posticum. Et cependant, mutilé, dépouillé, saccagé, bombardé, le temple a encore une grandeur, une convenance de proportions, une simplicité majestueuse, qui imposent au plus haut degré. On se sent en présence d'une œuvre maîtresse, dont le génie humain n'a pu, en vingt-trois siècles, ni dépasser ni même égaler la beauté souveraine.

L'Erechtheion est le dernier des monuments encore debout dans l'Acropole et le plus élégant modèle de l'art ionique que l'antiquité nous ait légué. Un de ses portiques est soutenu par les fameuses Cariatides. En les éclairant obliquement, le soleil leur communique une sorte de vie mystérieuse. Le marbre palpite pour ainsi dire, et l'on serait presque tenté d'excuser lord Elgin, qui, séduit par la grâce immortelle de ces vierges de Minerve, en a enlevé une.

En quittant l'Acropole, nous nous dirigeons vers le temple de Thésée. Antérieur au Parthénon, cet édifice, d'ordre dorique, est une des plus remarquables curiosités d'Athènes, car, à part les sculptures qui ont été détériorées ou anéanties, il est intact. Ce qui frappe surtout, c'est l'art consommé avec lequel les anciens ont su donner l'apparence de la grandeur à un monument dont les dimensions n'excèdent pas, en façade, celles d'une petite maison bourgeoise.

J'ai passé la soirée avec le contre-amiral Lejeune, qui, depuis quatre ans, s'occupe, de concert avec le général Vosseur, à réorganiser les forces militaires et navales de la Grèce. Il porte vertement ses soixante-dix ans et jouit à Athènes d'une influence considérable. Il faut, du reste, son habileté, sa ténacité, et en même temps sa rondeur d'allures pour lutter avec succès contre les politiciens qui sont au pouvoir. Récemment, il a remporté une victoire sur M. Tricoupis. Le chef du cabinet avait fait sa fortune électorale en réclamant le service militaire d'un an. L'amiral a su l'amener à demander lui-même au Parlement le service de deux ans, qui a été voté. L'armée compte trente-deux mille hommes en temps de paix, et son effectif peut s'élever, en temps de guerre, à quatre-vingt-deux mille hommes. Les commandements sont faits en langue française et les uniformes rappellent beaucoup les nôtres. La couleur locale s'est réfugiée tout entière dans la garde royale, qui a conservé, par respect des traditions, la veste blanche et la fustanelle.

9 mai.

En trente-cinq minutes, nous escaladons les pentes rocailleuses du Lycabette. De la terrasse qui précède la petite chapelle érigée au sommet, la vue s'étend librement sur Athènes et sur l'Acropole qui découpe nettement ses murs ébréchés. Plus loin, par delà des terrains stériles et pulvérulents, Phalère et le Pirée blanchissent sur l'azur immobile de la mer ; Salamine accuse les échancrures de ses côtes, et, à l'horizon, les hautes montagnes de l'Argolide fondent leurs contours dans la buée lumineuse du matin. Au nord s'étend la plaine de l'Attique, qui semble fermée, d'un côté, par les chaînes du Parnès et de l'Ægaleos, de l'autre, par les croupes décharnées du Pentélique et de l'Hymette. Des villages en rompent çà et là le monotone aspect. Un monticule insignifiant signale l'emplacement de Colone ; mais « les ombrages épais de lauriers et d'oliviers, hantés par les rossignols », qu'Antigone décrivait au vieil Œdipe, paraissent s'être bien éclaircis. Un cimetière voisin marque l'endroit où se trouvaient les jardins d'Akademos. Le panorama offre des lignes heureuses, mais comme il est dénudé ! Habitués que nous sommes à la riante verdure qui encadre nos paysages, nous sommes surpris et presque rebutés par l'aridité des montagnes et la tonalité grise du sol. La végétation a-t-elle réellement péri? ou les Grecs nous ont-ils trompés sur les charmes de leur pays? On peut choisir entre les deux hypothèses.

Athènes est en train de devenir une très belle ville. Si le vieux quartier confinant à l'Acropole n'est qu'un réseau de ruelles tortueuses et malpropres, si le quartier moderne qui date de l'établissement du royaume n'a d'autre mérite qu'une régularité banale, les rues neuves qui s'étendent au pied du Lycabette, comme la rue de l'Université, la rue du Stade, feraient honneur à de grandes capitales. Ce ne sont que palais de marbre, portiques, acrotères, effets de polychromie, réminiscences de l'ancien style grec. La plus élégante de ces habitations est peut-être celle de M. Schliemann, sur la porte de laquelle se lit l'inscription « Iliou melathron » — Palais d'Ilion. — Des statues dominent ses colonnes, des palmiers et des orangers confondent leurs feuillages, des buissons de roses fleurissent les rampes de l'escalier.

Plus loin, à côté de l'Université, œuvre excellente de l'architecte Hansen, s'élève la somptueuse Académie des sciences, construite aux frais du baron Sina et achevée en 1885. C'est un édifice de style ionique, précédé d'un large escalier et d'un parvis que décorent de grands lampadaires et deux hautes colonnes, dont l'une porte la statue d'Apollon et l'autre celle de Minerve. Les marbres rehaussés d'or se détachent harmonieusement sur le ciel, au sein de cette lumière éblouissante qui accentue les saillies et supprime les nbres. Au fond de la grande salle se dresse la statue du baron Sina. Des peintures un peu lourdes retracent sur les murs le mythe de Prométhée et Jupiter foudroyant les Titans.

Le marbre pentélique n'a pas été ménagé davantage à l'Ecole polytechnique, conçue également dans ce style néo-grec qui s'accorde si bien avec le site et l'atmosphère ambiante. Les ailes sont occupées par des salles de cours et le bâtiment central est réservé tout entier aux collections archéologiques. Je glisse sur le musée égyptien ; je n'insiste pas sur les terres cuites, les vases peints, les figurines de Tanagra et d'Egine, les miroirs de bronze poli, emmanchés d'une statuette et décorés de reliefs exquis, etc. J'omets encore de curieux morceaux de sculpture, des stèles funéraires, ornées de rosaces et d'enroulements qui paraissent avoir été le décor des temps primitifs. L'interêt est ailleurs. Une salle renferme, en effet, les inappréciables trésors que M. Schliemann a découverts dans le courant de l'année 1876, en fouillant l'Acropole de Mycènes. C'est la Grèce homérique qui se révèle et se manifeste dans les œuvres les plus diverses, armes, bijoux, orfèvrerie, coupes, poteries, ustensiles, etc. Les sépultures royales les ont rendues, et, d'un bond, nous remontons, à travers les âges, jusqu'au douzième siècle avant notre ère, jusqu'à la guerre de Troie, ou, au moins, jusqu'à l'invasion dorienne.

Jamais peut-être une exploration n'a mis au jour une pareille quantité d'objets en or. La simplicité de leur décoration n'en exclut pas le bon goût. Des vases attestent même, par l'élégance de leur forme et par l'habileté de leur exécution, un art déjà avancé. Une de ces coupes, très grande, à une anse, est ornée de quatorze fleurs à plusieurs rangs de pétales ; une autre simule une corbeille finement tressée ; une troisième, qui est en argent, offre des feuillages délicats, plaqués en or et s'élançant d'une sorte de jardinière.

Je mentionne sans commentaire une foule de menus objets, toujours en or, des têtes de taureau ayant une double hache entre les cornes, des pieuvres étendant leurs tentacules, des griffons, des hippocampes ; un lion qui semble, comme bien d'autres pièces, avoir été importé d'Orient ; des plaques sur lesquelles se détachent des entrelacs ou des papillons au repoussé ; un grand nombre de boutons ornés de beaux dessins en intaille ; deux petits modèles figurant un édifice élevé sur deux rangs d'assises cyclopéennes, et flanqué d'une tour contre laquelle volent deux colombes ; des bracelets, des pendants d'oreilles, deux grandes bagues à cachet dont l'une reproduit un combat mouvementé et l'autre une chasse au cerf, etc.

Plusieurs armes sont d'une étonnante conservation. Trois lions dorés s'enlèvent en relief sur la lame d'un poignard. Un autre poignard, damasquiné d'or, représente, d'un côté une chasse aux lions, de l'autre un lion poursuivant des gazelles. Les mouvements des animaux sont rendus avec justesse, et leurs silhouettes allongées ne sont pas sans analogie avec les dessins héraldiques du moyen âge.

Les hauts personnages ensevelis dans les sépulcres de Mycènes n'étaient pas seulement revêtus de plastrons et de baudriers d'or, ils avaient encore le visage couvert d'un masque d'or. J'observe un des ces masques, à côté duquel se trouve le crâne fracturé qu'il cachait. Le type est très archaïque. L'homme porte une barbe courte et des moustaches relevées en croissant, le nez est droit, les yeux rapprochés et fermés, l'oreille, très écartée, se présente en face.

Etait-ce un Atride? M. Schliemann croit fermement avoir découvert les tombeaux « que la tradition désignait comme les sépulcres d'Agamemnon, de Cassandre, d'Eurymédon et de leurs compagnons, tués pendant le repas, par Clytemnestre et par Egisthe, son complice. » En tout cas, ces tombeaux recélaient les attributs de la royauté. Voici deux sceptres d'argent, plaqués en or et terminés par des boules en cristal de roche ; voici une grande couronne d'or, trouvée sur la tête d'une femme, et toujours avec la même décoration, des fleurs radiées, des spirales, des ornements géométriques ; voici un magnifique diadème dont l'ornementation au repoussé consiste en une série de cercles concentriques dont le diamètre décroît symétriquement. Ces joyaux ont un singulier prestige. Avec eux, l'antiquité homérique, si douteuse, si reculée dans la nuit des siècles, prend un corps. Ce qui semblait une chimère, un rêve de poète, un conte d'historien crédule, acquiert tout à coup une consistance presque indiscutable. L'épopée des Atrides nous laissait un peu sceptiques, et voilà que nous touchons leurs couronnes. Pourquoi le crâne au masque d'or ne serait-il pas celui d'un de ces rois fabuleux ? pourquoi les cuirasses et les ceintures de parade n'auraient-elles pas orné le dernier sommeil de ces héros dont les exploits se confondent avec la mythologie ? Je veux bien que M. Schliemann soit trop précis dans ses attributions ; mais il n'y a pas non plus de raison sérieuse pour les contester, et l'imagination les adopte sans effort, au spectacle de ces brillants vestiges d'une civilisation qui florissait il y a trois mille ans.

Le Musée National, situé derrière l'Ecole polytechnique, n'est pas encore achevé, et une aile seule est ouverte au public. Des sculptures de premier ordre sont exposées dans ses quatre salles. Une des plus remarquables est le bas-relief connu sous le nom du Soldat de Marathon, un guerrier debout, les cheveux calamistrés, le corps profilé comme une figure égyptienne. Un autre bas-relief, provenant d'Eleusis, représente Cérès vêtue d'une robe aux plis serrés, remettant au jeune Triptolème, en présence de Proserpine, les premiers grains de blé qu'il doit semer. La simplicité magistrale de l'exécution rappelle les meilleures traditions de ce cinquième siècle qui fut l'apogée de l'art héllénique.

Un Hermès découvert à Andros nous fait penser à celui d'Olympie. D'autres

Hermès, juchés sur des piliers quadrangulaires, nous donnent une idée fort exacte des termes qui décoraient les rues d'Athènes. Ne seraient-ce pas ceux auxquels Alcibiade et quelques joyeux compagnons firent subir une mutilation caractéristique ?

La série des monuments funéraires n'est pas moins intéressante. Les bas-reliefs représentent tantôt la douleur des survivants, un père qui pleure son fils ou — ce qui est fort édifiant — un esclave qui regrette son maître, tantôt des scènes de la vie familière, une femme qui se fait attacher sa sandale, une mère qui serre son enfant dans ses bras. Quelques stèles portent encore des traces de peinture.

Une pièce enfin mérite une attention particulière : c'est une statuette en marbre qui a été trouvée, le 30 décembre 1879, dans les déblaiements d'une rue d'Athènes et qui paraît être une imitation de la fameuse Minerve de Phidias. Debout, vêtue d'une longue tunique régulièrement plissée, couverte de l'égide, la déesse tient sa lance d'une main, et de l'autre, une Victoire. Son casque, surmonté d'un sphinx et orné, sur les côtés, de griffons, semble énorme; mais la réduction l'a, sans doute, exagéré.

Est-ce l'influence de tout cet hellénisme en marbre, en bronze ou en or ? Au retour de cette promenade à travers l'antiquité, il nous a paru que notre déjeuner ne serait pas complet, si nous ne goûtions du miel de l'Hymette. Nous en réclamons, mais en vain : la récolte a tout à fait manqué cette année. Parions qu'en rentrant à Paris nous en trouverons à discrétion chez nos épiciers, qu'aucune demande ne prend au dépourvu. Ai-je noté que les menus des repas sont rédigés en français, comme dans toute l'Europe, au reste ? Seulement le maître d'hôtel commet parfois des lapsus réjouissants. Ce matin, on nous a servi de la « tête de veau à la torture ». Peut-être a-t-on voulu rendre l'impression du veau lui-même.

Je continue la visite des monuments anciens. La rue d'Éole me conduit à la Tour des Vents, qui est de l'époque romaine, ainsi qu'en témoigne suffisamment la médiocrité de ses bas-reliefs. Un peu plus loin, sur une petite place pittoresque, quatre colonnes doriques d'une chaude couleur soutiennent un fronton délabré. Est-ce la porte de l'Agora ? Est-ce le temple de Minerve Archegetis ? Sans prendre parti dans la querelle qui divise les archéologues, je gagne le Portique d'Adrien, dont les sept colonnes de marbre cipolin s'adossent à une belle muraille. Quand j'aurai encore mentionné les restes informes du Portique d'Attale, j'en aurai fini avec ces vénérables débris et ma conscience de touriste sera en paix.

L'Acropole m'attire davantage. La foule qui s'y pressait hier a disparu. Quelques étrangers seulement errent à travers les marbres épars et les fûts brisés. Le silence et le recueillement conviennent mieux à ces ruines solennelles Deux heures y passent comme un songe. Et, quand on descend de ce plateau hanté par les grandes ombres de Phidias, d'Ictinus et de Périclès, on trouve un peu mesquin le mouvement de la place de la Constitution, des messieurs en chapeau melon qui, de cinq à sept heures, se promènent en écoutant la musique ou prennent en plein air des verres d'eau teintés de raki. Cette petite agitation provinciale n'excède pas l'heure du diner. Avant neuf heures, tout le monde dort, et nul autre pas que celui des étrangers, désireux d'échapper aux salons des hôtels, ne résonne sur les pavés mal joints de la rue d'Hermès.

10 mai.

Il n'y a pas grand'chose à dire des édifices modernes. Le Palais Royal est une vaste bâtisse qui a l'avantage de rappeler à la fois la caserne, l'hôpital et le séminaire. La Métropole, construite dans le style byzantin, flanquée de deux tours, rayée de jaune et de rouge, n'est guère moins banale. L'intérieur resplendit de peintures et de dorures ; mais on y chercherait en vain un détail de quelque goût. La Chambre des députés, inaugurée en 1875, appartient au style gréco-italien. La décoration bleu et or de l'hémicycle est très modeste. Derrière le bureau du président s'ouvre la tribune royale, qui sert également au corps diplomatique. Le plafond à caissons dorés repose sur deux hautes colonnes, et deux poêles en faïence à longs tuyaux chauffent, au besoin, les orateurs et leur éloquence.

L'Ecole française occupe, sur les premières pentes du Lycabette, un grand bâtiment à deux ailes, orné de colonnes et de frises en marbre gris. Des roses et des chèvre-feuilles festonnent gracieusement l'escalier. La salle d'exposition contient dans ses vitrines des terres cuites de Myrina ; mais les plus jolies pièces ont été envoyées au Louvre. Il y a encore beaucoup de Victoires ailées.

Seulement ces Victoires ne sont guère triomphantes : leurs ailes sont cassées et beaucoup ont perdu la tête. On les recolle minutieusement, pieusement, et l'on finit par rendre une tournure présentable à ces invalides de la terre cuite.

Une visite à l'Acropole complète notre tournée matinale. A cette heure, le soleil tombe à peu près d'aplomb, et, de loin, les monuments ressemblent à un amas de décombres sans relief et sans couleur. Comme les coquettes d'un certain âge, ces augustes ruines ont besoin d'un éclairage qui fasse valoir leur beauté défraîchie.

Le petit musée de l'Acropole, destiné à recueillir les antiquités trouvées dans l'enceinte même, possède des morceaux de grande valeur, des métopes et des fragments de la frise du Parthénon, des bas-reliefs du temple de la Victoire Aptère, une statuette de Minerve en bronze doré, exhumée en 1887, etc. Mais je n'en veux retenir que les statues des prêtresses de Minerve trouvées, le 5 février 1886, auprès de l'Erechtheion. Ces figures nous ramènent à la période archaïque. Les visages sont calmes et comme figés dans cet éternel sourire qui caractérise le type éginétique, les cheveux s'enroulent symétriquement sous un diadème et retombent en longues tresses sur la poitrine, les vêtements s'ajustent avec une raideur hiératique, et, au bord des tuniques, le pinceau a simulé des franges en rouge ou en vert. Des traits cernent les prunelles, des traces de couleur indiquent le cristallin, et une teinte blonde nuance encore la chevelure. Toutes les statues sont brisées au-dessous des genoux. Il est à croire qu'elles ont été mutilées par les Perses et enfouies ensuite comme des objets sans valeur. Et ce n'est pas sans émotion qu'on salue ces contemporaines des guerres médiques, toujours sereines et souriantes après leur ensevelissement de vingt-quatre siècles.

Au milieu de la journée, une promenade au Jardin du Roi fait une aimable diversion à la visite un peu échauffante des monuments antiques. L'essence dominante est l'acacia; mais les dattiers, les cyprès, les orangers y atteignent aussi de grandes dimensions. Des rosiers grimpants s'élancent jusqu'à dix mètres le long des troncs qui semblent émerger d'un immense bouquet de fleurs. Quoique le dessin du jardin ne soit déjà plus dans le goût du jour, qui proscrit les taillis et fait circuler largement l'air et la lumière, des points de vue ont été habilement ménagés. Une allée couverte de chèvrefeuilles et de clématites s'arrondit en berceau, et, tout au fond, sur le ciel d'un bleu pâle, se détachent les hautes colonnes du temple de Jupiter Olympien. Ailleurs, c'est la colline de l'Acropole et le fronton du Parthénon qui viennent s'encadrer dans la verdure. Ailleurs encore, un groupe de beaux arbres ombrage le buste de Capo d'Istria, et, près du palais, des plants d'orangers répandent leurs parfums pénétrants.

Mais nous n'avons pas fait trois mille kilomètres pour prendre le frais dans un jardin. L'antiquité ressaisit sa proie. Tandis que mes compagnons de voyage explorent la Voie sacrée d'Eleusis, je m'engage dans les ruelles tortueuses du marché. La journée est brûlante et les marchands dorment derrière leurs étalages de cotonnades et de pantoufles aux vives couleurs. Des gens qui ne paraissent pas avoir cinquante centimes dans leur poche sont assis devant les cafés, fumant le chibouk et buvant de l'eau à petites gorgées avec l'air tranquille et désœuvré de bons rentiers. On retrouve là, mieux que dans les autres quartiers, le costume national, le fez à houppe bleue, la jaquette à manches ouvertes, la ceinture de cuir et surtout la fustanelle. Je croise un Palikare très bien mis qui parait être un riche campagnard. A côté de lui, par un amusant contraste, marche sa femme habillée à la façon parisienne. Les bourgeoises athéniennes ont également adopté nos modes. Quelques-unes pourtant font une dernière concession à la tradition grecque et portent un bonnet rouge le long duquel retombe un gland d'or.

Le cimetière ancien du Céramique renferme, dans sa vaste enceinte coupée de larges brèches, plusieurs monuments d'une belle conservation. Les bas-reliefs de ces stèles représentent presque toujours deux personnes se tendant la main, symbole de l'adieu suprême. Quelques détails caractérisent les habitudes ou les affections du défunt. Hégéso, fille de Proxenos, prend un bijou dans la cassette que lui présente une servante; Aristion tient un oiseau; Korallion, femme d'Agathon, a son petit chien près d'elle. Mais la merveille du cimetière est le monument de Dexiléos, tué à Corinthe. La chlamyde flottant au vent, le jeune guerrier à cheval renverse un ennemi et s'apprête à le percer de sa lance. L'élan est superbe et les figures se profilent avec une élégance qui évoque le souvenir de Praxitèle.

En montant à la colline des Nymphes, je m'arrête à la porte d'un petit café.

— « *Ena potiri nero me raki* », dis-je au cafetier, après avoir consulté mon vocabulaire.

Trois indigènes déjeunaient, à une table voisine, d'œufs durs et de salade sans assaisonnement. Le cafetier me sert, puis, quelques instants après, m'apporte un second verre d'eau et un autre petit verre de raki. Ce sont les consommateurs qui me l'offrent pour le plaisir de trinquer avec un Français, et l'un d'eux, poussant la générosité jusqu'à des limites inconnues, me présente même au bout de sa fourchette un quartier d'œuf, qu'il serait heureux de me voir accepter.

La situation devenait scabreuse. Je ne m'en tire qu'au moyen de gestes reconnaissants et d'une pantomime ayant pour objet de faire croire à des raisons de santé qui ne me permettent pas de goûter ce morceau de roi. Quand je veux payer au moins ma première consommation, le cafetier m'apprend — toujours par gestes — que c'est réglé et refuse énergiquement mes dix leptas. Heureusement j'ai sur moi un paquet de cigarettes françaises, et, grâce à ce produit médiocre de la régie, je me trouve en mesure de répondre au bon procédé de ces trop sympathiques Hellènes.

De la colline des Nymphes dominée par l'Observatoire, la vue d'Athènes et de l'Acropole est admirable. D'aucun point le Parthénon ne se présente avec cette majesté. Les collines voisines ont toutes leur histoire. Celle de l'Aréopage possède encore quelques restes du fameux tribunal qui vit défiler tant d'illustres accusés, entre autres le dieu Mars lui-même, prévenu d'homicide volontaire sur la personne d'Alirothius, fils de Neptume. Au Pnyx se rattache le souvenir des assemblées populaires. Un dé de marbre, auquel on monte de chaque côté par six degrés, est la tribune même d'où Eschine et Démosthène prononcèrent leurs harangues.

La plus haute de ces collines est celle de Musée. Des salles pratiquées dans ses flancs portent sans raison plausible le nom de Prison de Socrate. Le sommet de cette éminence est couronné par le tombeau de Philopappos, petit fils d'Antiochus Epiphane, roi de Comagène. Je déchiffrais péniblement les détails architectoniques de ce monument dégradé, quand un individu que j'avais vu errer aux alentours m'aborde et m'offre plusieurs monnaies anciennes qu'il vient, dit-il, de trouver tout à fait par hasard, en se promenant. J'admire ce hasard, mais je n'achète pas, et l'industriel continue à faire les cent pas sur le plateau, en attendant un visiteur moins défiant.

Quand j'ai suffisamment contemplé le panorama d'Athènes et du golfe Saronique, une cinquième ascension me conduit à l'Acropole. Les murs d'enceinte racontent eux-mêmes l'histoire grecque. Certaines parties sont pélasgiques ; d'autres datent de Thémistocle et ce ne sont pas les moins curieuses. L'enceinte avait été relevée alors avec une telle précipitation que les ouvriers s'étaient servis de tous les matériaux qu'ils avaient sous la main. Des tambours de colonnes, des morceaux d'entablement sont ainsi encastrés dans ces murailles qui ont vu se retirer le flot de l'invasion médique.

En ai-je fini avec les panoramas ? Non, car le plus beau est décidément celui qu'on découvre du belvédère établi jadis par la reine Amélie à l'extrémité orientale du plateau. De là, on plane, comme si on avait des ailes, sur une partie de l'Attique. La ville est éblouissante de clarté. Le soleil couchant darde ses rayons sur les façades des maisons, qu'il grandit et qu'il ennoblit. Les cyprès et les acacias des jardins corrigent par les caprices de leur plantation l'ennuyeuse régularité des bâtisses modernes. L'air est si pur qu'on croit toucher l'Hymette et le Pentélique. A mesure que la journée s'avance, les couleurs du tableau deviennent plus riches. Arides et grises en plein midi, les montagnes se nuancent peu à peu d'ombres violettes qui en dessinent les ondulations et les replis. Par je ne sais quelle combinaison d'optique, les parties éclairées décomposent la lumière et se teignent de vert et de rose. C'est une réelle tranfiguration.

Quand on rentre dans le Parthénon, le spectacle, pour être plus restreint, n'en est pas moins attachant. Les colonnes du fronton oriental ont des tons d'or en fusion. Entre les fûts, le ciel découpe de grands pans bleus, et les montagnes, reculées par l'éclat des marbres, se parent de nuances délicates comme celles des vieilles tapisseries. L'ombre gagne et l'œil suit sur les restes du temple le déclin du soleil, qui, d'un jaune opulent, les fait passer graduellement au rouge de feu. Le plateau est devenu désert, le silence règne, le mirage du passé vous envahit tout entier, et, quand on se décide enfin à s'éloigner, on se dit avec quelque mélancolie que cette sensation n'aura pas de lendemain et qu'avant une minute elle sera rentrée dans la catégorie des choses disparues pour jamais....

Les conversations que j'ai eues ici

depuis trois jours m'ont édifié sur l'état politique et social des Grecs. Ce peuple a été doté trop tôt d'institutions libérales, et le régime, mal approprié à son tempérament, paraît avoir été funeste à la moralité publique. Ignorant et superstitieux, en général, mais très avisé quand ses intérêts sont en jeu, le paysan a compris tout de suite le parti qu'il pouvait tirer du suffrage universel. Il a tarifé son vote, et il en fait le commerce sans la moindre vergogne.

Les élus, du reste, valent les électeurs. Le parlementarisme les a partagés en deux camps qui se disputent le pouvoir avec un acharnement sauvage. Le parti vainqueur profite largement de ses avantages et en fait profiter ses amis. Il n'y a en Grèce que les gens de l'opposition qui paient des impôts. Les partisans du ministère savent s'en exempter, comme ils savent aussi, en cas de délit, s'assurer l'impunité.

La concussion et la vénalité des fonctionnaires découlent naturellement de cet état de choses. Les détournements de fonds ne sont pas non plus inconnus. Ces jours derniers, le trésor s'est trouvé tout à coup plus riche de six millions. Des soupçons s'étant élevés contre un de ses caissiers, on avait fouillé son bureau et on y avait découvert cette somme respectable, cachée par petits paquets de deux ou trois cent mille francs sous les paperasses.

Le trésor n'a pas souvent pareil capital en caisse. Grâce aux sangsues parlementaires qui le sucent et l'épuisent, il est d'ordinaire à sec. Le budget se solde très régulièrement avec un déficit de vingt-cinq millions, qui ajoute chaque années un appoint aux sept cents millions de la dette publique. Ce petit royaume réussit à s'obérer comme une grande république. Et cependant le pays est riche. Le Péloponèse, par exemple, gagne annuellement soixante-dix millions avec ses vins, et c'est une grosse somme, eu égard au chiffre de la population qui se la partage.

Certains particuliers ont acquis de grandes fortunes dans la banque ou dans le commerce, et les dépensent, sans compter, au profit du public. Que ce soit le patriotisme ou la vanité qui les inspire, ils aiment à doter leur pays d'édifices auxquels leurs noms resteront longtemps attachés. La plupart des monuments et des institutions d'Athènes n'ont pas d'autre origine.

C'est M. Bernardakis qui a payé le Musée National ; M. Stournari, l'Ecole polytechnique ; M. Rhizaris, le Séminaire ; M. Arsakis, l'Ecole normale de filles. L'Observatoire est dû, comme l'Académie des sciences, à la munificence du baron Sina, et la lourde rotonde du Zappeion, destinée aux expositions olympiques, est un cadeau des frères Zappas. En ce moment, M. Syngros consacre quinze cent mille drachmes à l'érection d'un théâtre qu'il veut offrir à la reine Olga et qui sera inauguré dans quelques mois. Déjà il a donné un hôpital à la ville d'Athènes. C'est ce même capitaliste qui, ayant l'honneur de dîner avec la reine et l'entendant parler de ses œuvres charitables, la pria, au dessert, d'accepter un petit papier soigneusement plié. De retour au palais, la reine constata que c'était un chèque de cinquante mille drachmes. Le repas avait été fructueux pour les pauvres.

Des traits de ce genre ne sont pas rares. Un autre Grec a fait mieux : épris de je ne sais quel système pénitentiaire, il a bâti une prison et l'a offerte à ses compatriotes pour leurs étrennes. Le gouvernement, toujours à court d'argent, ne fonde jamais rien ; mais pourquoi se gênerait-il, puisqu'il trouve de bons citoyens pour lui payer des maisons centrales ?

L'influence française est incontestable. Les missions militaires et navales l'ont encore accrue dans ces dernières années. L'enseignement de notre langue est obligatoire dans les gymnases et la plupart des jeunes gens la parlent couramment. Il ne tient qu'à nous de ne pas compromettre par une politique absurde des sympathies qui sont tout acquises et qui ne demandent qu'à s'affirmer.

Malgré les vices de ses institutions, le pays est en progrès sous bien des rapports. Athènes s'est agrandie et transformée ; sa population, qui était de vingt mille âmes en 1860, de quarante-huit mille en 1870, atteint aujourd'hui soixante-dix mille âmes. Le brigandage a disparu, le commerce s'est développé, de précieuses découvertes ont enrichi les musées et étendu le domaine de l'archéologie, les voies de communication se sont multipliées rapidement. Jusqu'en 1883, la Grèce ne possédait qu'un seul chemin de fer, celui du Pirée, qui mesure à peine dix kilomètres. En cinq ans, les lignes de l'Attique, du Laurium et du Péloponèse se sont ouvertes, et trois cent vingt kilomètres de voies ferrées ont été livrées à la circulation.

La nation rêve maintenant des extensions de territoire ; elle aspire à posséder Salonique et elle prétend même, comme d'autres puissances, à la conquête de Constantinople. Un personnage qui connaît à fond les Orientaux m'assurait que ce panhellénisme était une pure comédie. Les Grecs ont, en effet, besoin des Turcs, qui sont honnêtes et d'une exploitation facile. Par la banque, par le commerce, ils s'attachent à eux, les étreignent, les pressurent, les saignent à blanc. Leur intérêt évident est de ne pas les laisser échapper, et, en calculateurs habiles, ils ne lâcheront pas la proie pour l'ombre.

S'ils arrivaient jamais à mettre la main sur les provinces ottomanes, celles-ci n'y gagneraient pas. Ce qui se passe en Thessalie est bien significatif. Quand cette région a été annexée à la Grèce, il semblait qu'une ère nouvelle s'ouvrait pour elle, que les idées modernes, la liberté, l'instruction, le bien-être allaient y entrer à flots. Il n'en a rien été. Les musulmans ont émigré, les terres qu'ils cultivaient restent en friche, les bras manquent, le commerce a diminué, et la population, appauvrie, clair-semée, en est à regretter la domination turque.

11 mai.

Une promenade matinale au Jardin du Roi, plus embaumé que jamais par les orangers, une flânerie rue d'Hermès, avec stations devant les boutiques de fausses antiquités et les magasins de photographies, où j'aperçois, au milieu des souverains étrangers et sans le moindre sentiment d'amour-propre national, les images de MM. Tirard et Brisson, — et notre séjour à Athènes touche à son terme. Le déjeuner nous réunit une dernière fois. M. Baz... et sa belle-fille vont regagner Isthmia, et leur bagage sera lourd, s'ils emportent toutes les sympathies que nous ont inspirées ces quinze jours de vie commune. Nous serrons aussi la main au général Türr, que nous avons trouvé hier à l'hôtel, et, à midi, nous montons en landau pour nous rendre au Pirée. Une page de notre voyage est terminée : nous tournons le feuillet.

Sept kilomètres, une route horriblement poudreuse à travers une plate campagne, coupée par le lit desséché du Céphise. Au Pirée, des rues neuves, claires, tirées au cordeau et placées sous les vocables de Socrate, de Praxitèle, d'Egée, d'Aphrodite, etc. Une barque nous mène à bord du *Charkieh*, des paquebots-poste Khédivié, qui fait le service entre Alexandrie et Constantinople par Smyrne. Le bateau est bien aménagé et le beau temps nous promet une agréable traversée.

Beaucoup de monde sur le pont avant le départ. Toute la légation ottomane est là, faisant la conduite à un jeune secrétaire et à la femme du vice-consul de Turquie. Quatre heures approchent, les adieux s'échangent, un canot emporte le ministre, S. Exc. Zéridoun-Bey, et ses attachés, l'échelle se relève et le bateau sort lentement du port.

Quand il a doublé la pointe du Pirée, nous apercevons la colline de Munychie et le port de Phalère. Bientôt Athènes accapare notre attention. Nous jetons un dernier regard sur le Parthénon, dont le ciel uniformément bleu découpe vivement les colonnes. Puis les côtes de l'Attique se déroulent avec leurs pittoresques découpures et leurs courbes harmonieuses ; Salamine s'éloigne ; Egine dresse sa pointe volcanique dans une vapeur lumineuse qui l'enveloppe de tons veloutés.

La cloche du dîner nous arrache à ce spectacle. Une heure après, le bateau passe devant l'île Saint-Georges d'Arbora. Le soleil se couche dans un lit de pourpre et d'or. Des colonnes apparaissent au faîte d'un promontoire : c'est le cap Sunium avec les restes du temple de Minerve, qui se détachent en vigueur sur l'horizon vermeil. Un peu plus loin, l'industrie moderne met sa touche dans le tableau ; de hautes cheminées fumeuses signalent les usines d'une des cinq sociétés qui exploitent les mines d'argent du Laurium. La nuit tombe ; des ombres violacées jettent un voile sur les sommets imposants de l'Eubée ; les Cyclades voisines, Zéa,

Ghioura, Andros, enchevêtrent leurs vagues silhouettes ; l'air est tiède, la mer reflète les étoiles qui s'allument. Nouveau coup de cloche à huit heures : c'est le thé qui nous rappelle au salon. Et quand nous avons joui encore une heure de cette soirée délicieuse, nous allons nous enchâsser dans nos étroites couchettes.

12 mai.

A notre réveil, l'Asie est en vue. Chio disparaît, Lesbos s'éloigne, et le paquebot, doublant les falaises noirâtres du Kara-Bournou, entre dans le golfe de Smyrne. Des villages groupent leurs maisonnettes carrées sur les flancs d'une presqu'île montueuse. En face, au delà du promontoire où s'élevait l'antique Phocée, les grèves se hérissent de petites pyramides blanches : ce sont les produits de salines en exploitation. Les rives, rapprochées un instant, s'évasent ensuite et s'arrondissent autour du bassin de Smyrne. Les montagnes de l'Ionie dessinent avec grâce les lignes du tableau ; la mer a des colorations d'un vert lamé d'azur, comme dans les toiles vénitiennes de Canaletti. Peu à peu les masses confuses qui se montrent au levant prennent des formes ; des cyprès assombrissent les pentes ; de vieilles murailles découpent leurs créneaux ; des minarets s'élancent : c'est Smyrne elle-même, « l'Œil d'Anatolie », « la Perle de l'Orient » ; mais l'effet est médiocre à cette heure. Le soleil est presque au zénith, et à peine distingue-t-on, au milieu des ombres portées, les divers quartiers étagés sur les déclivités du mont Pagus.

Nous traversons la douane entre deux haies de ruffians et d'agents malpropres, et, pilotés par un guide, nous mettons à profit nos cinq heures d'escale. Le quai établi, en 1874, par une société française n'a rien d'oriental : des hôtels de bonne apparence, une brasserie viennoise, des tramways. Dans la rue Franque, la *Belle Jardinière*, le *Bon Marché*, l'article de Paris à tous les étalages. Le quartier grec a plus de caractère. Des fragments de sculpture provenant d'Ephèse ont été rassemblés autour d'une église orthodoxe. En allant au Pont des Caravanes, nous croisons des files de chameaux réunis généralement au nombre de cinq par un licol et menés par un conducteur monté sur un petit âne. Le pont franchit le Mélès à demi desséché et offre un coup d'œil pittoresque sur les grands arbres des cimetières turcs.

Par des rues désertes et des routes mal tracées, nous nous élevons sur le versant du mont Pagus jusqu'à moitié chemin de la citadelle ruinée qui occupe l'emplacement de l'Acropole. Smyrne est là tout entière à nos pieds, au centre d'une baie dont une verdure printanière encadre les douces inflexions. Pas de maisons à terrasses carrelées : toutes sont couvertes de tuiles rondes. De cet océan de toits émergent des minarets blancs et des cyprès dont le noir feuillage fait naître de vigoureuses oppositions de tons. Des montagnes d'un beau profil nous cachent la vallée de l'Hermus, et leurs échos répercutent les sifflets du chemin de fer qui dessert Magnésie, Sardes et Philadelphie. La mer est d'un bleu ravissant, et l'éclat argenté de la lumière a une telle intensité que nous ne pouvons contempler longtemps, sans fermer involontairement les yeux, cette radieuse perspective.

Le quartier turc nous procure l'ombre de ses rues étroites. De vieilles femmes, accroupies sur le seuil de leurs taudis, se voilent pudiquement à notre approche ; de jolis enfants courent nu-pieds sur les pavés taillés en pointes de diamants ; leurs vêtements sont des guenilles ; mais le soleil en fait resplendir les vives nuances. Des âniers poussent leurs bourriquets, des vendeurs ambulants crient leur marchandise. Personne aux fenêtres : elles sont garnies de moucharabis, et, si un œil féminin se risque à travers le fin treillage, nous ne le soupçonnons pas. Le point de vue varie à chaque angle de cette descente en zigzag. Quelquefois, en se retournant, par-dessus ces ruelles en pente où çà et là un arbre lance son panache vert, on aperçoit les tours lézardées du château fort.

Nous débouchons sur une place où s'agite une population bariolée. Devant nous, Essar-Djami, la principale mosquée, dresse ses minarets rayés de spirales rouges, comme de gigantesques mirlitons. Les fidèles y affluent, ainsi que le dénote une riche collection de savates restées à la porte. Par une fenêtre basse nous plongeons dans l'intérieur, qui est tapissé de nattes et décoré de lustres en cristal. Des imans prêchent dans tous les coins, et comme ils parlent tous à la fois, c'est le bourdonnement confus d'une ruche. L'un d'eux, assis dans une petite chaire voisine de notre fenêtre, commente le Coran avec une incroyable animation. Maigre, nerveux, les yeux flamboyants, la barbe noire et pointue, la figure en lame de rasoir, c'est une bonne tête de fanatique. Un Turc nous jette en riant quelques mots que nous traduit le guide :

— « Ne l'écoutez pas, » dit-il en désignant le prêtre, « c'est un farceur qui ne vise que notre argent ».

Et ce sceptique doublé d'un épicurien ajoute :

— « Voyez-vous, il n'y a rien de tel ici-bas que d'avoir un bon coffre. »

Si les Turcs se mettent à devenir matérialistes et anticléricaux, où allons-nous ?

Au quartier juif, la vie se passe en plein air. Tout le monde est aux fenêtres, aux portes, sous les auvents des boutiques. Les hommes, coiffés de turbans ou de fez noirs, portent de longs cafetans, souvent garnis de fourrure, dont la vue seule nous fait transpirer. Les femmes sont beaucoup plus légèrement vêtues et ne prennent aucun souci de nous cacher leurs épaules.

Le Bazar est un dédale de rues tortueuses, horriblement pavées et couvertes de toitures qui ne laissent filtrer qu'un jour douteux. Tapis, cotonnades, soieries brodées, armes anciennes, babouches communes et pantoufles étincelantes d'or, plateaux niellés, faïences persanes, tout s'y trouve. Mais l'odorat y subit de cruelles offenses, et le passage fréquent des chameaux ne contribue pas à épurer l'atmosphère.

Nous voici revenus au quai : trois heures ont suffi pour cette visite sommaire. Le respect de la couleur locale aurait dû nous conduire à quelque café turc ; mais nous donnons lâchement la préférence à la brasserie viennoise, et, après une courte station dans cet établissement, nous regagnons le bord.

Le départ était annoncé pour trois heures ; mais il est sans exemple qu'un bateau oriental se mette en marche à l'heure indiquée. Le *Charkieh* n'aurait pas voulu créer un précédent fâcheux. Assis sur le pont, nous amusons nos loisirs à suivre du regard les petits incidents du quai, les femmes voilées qui cheminent lentement, les portefaix pliant sous le poids de malles vertes décorées de fleurs roses, le tramway, dont la trompe nous rappelle un des mille bruits de Paris, le départ du *Daphné*, du Lloyd autrichien, qui se rend aussi à Constantinople, les embarquements d'ouvriers déguenillés pour les stations de la banlieue, où les transportent de petits vapeurs. Il est plus de cinq heures, quand le paquebot se décide à démarrer. A peine l'hélice a-t-elle fait quelques tours que le panorama de Smyrne se déroule avec une majesté sereine et une vivacité de couleurs qui l'impriment en traits ineffaçables dans nos souvenirs. Sous les rayons obliques du soleil, la ville prend la chaude blancheur du marbre de Paros. Seuls, les cyprès des cimetières ne renvoient rien de la lumière et servent de repoussoir à toutes ces clartés, que les molles ondulations de la mer reflètent et multiplient à l'infini. C'est d'une étonnante splendeur.

Mais le cuisinier du bord est impitoyable, le dîner sonne, et, au lieu de savourer la perspective, nous nous engouffrons dans l'escalier qui descend au salon.

La table d'hôte de ce paquebot égyptien ne manque pourtant pas d'intérêt. Le capitaine, qui en occupe le haut bout, est dalmate. Les passagers appartiennent à des nationalités très diverses qui se coudoient amicalement. Nous sommes quatre Français, nous trois et un jeune commerçant en vins, établi en Espagne. Deux couples, l'un de Berlin, l'autre de Dantzick, représentent l'Allemagne. L'Angleterre s'incarne en deux gentlemen dont l'un est un riche négociant de Smyrne et dont l'autre est directeur du chemin de fer d'Aidin-Guzel-Hissar. Puis ce sont des habitants du Caire, le propriétaire de *Shepheard's hotel*, bavarois d'origine, et sa femme, native de Lausanne; une famille espagnole de Saint-Sébastien; un éleveur de Montevideo; une créole de l'île Maurice; la femme du vice-consul de Turquie à Athènes, hongroise de naissance; un secrétaire d'ambassade turc; deux Grecs et un troisième qui, par une de ces bizarres complications de nationalité fort communes dans le Levant, est Autrichien par sa famille, sujet grec par naturalisation, et smyrniote par son domicile.

Si je me livre à cette énumération presque homérique, c'est pour en arriver à une conclusion qui ne me paraît pas indifférente : tout ce monde parle français, et notre langue est la seule qu'on entende à table. Les Allemands ne comprennent pas les Espagnols, les Grecs ne saisissent rien aux notes gutturales des Anglais : c'est le français qui est le lien commun, la langue universelle par excellence. Et il y a des originaux qui essaient d'acclimater le volapük ! Notre littérature est elle-même fort goûtée par ces étrangers. J'ai jeté aujourd'hui un coup-d'œil sur un livre à couverture jaune que lisait le secrétaire d'ambassade : c'était *Princesse*, de Ludovic Halévy.

Les passagers de deuxième classe sont admis sur le pont de l'arrière. Nous avons causé avec une modeste institutrice de l'île de Lesbos, qui tient une « école chrétienne » à Mitylène. Elle parle assez correctement le français. Y a-t-il une seule de nos institutrices communales qui comprenne le grec?

Encore une soirée charmante succédant au plus beau coucher de soleil. Le paquebot se dirige sur Lesbos, dont la grande silhouette barre l'horizon. La nuit survient, puis le thé, puis l'heure du coucher. Il est onze heures quand le *Charkieh* stoppe devant le petit port de Mitylène. A la faible clarté des étoiles, je distingue la ville qui s'adosse au penchant d'une montagne. Des lumières brillent sur la citadelle et fêtent le Ramazan, qui a commencé, il y a quelques jours, avec le neuvième mois de l'année turque.

13 mai.

J'étais sur le pont avant six heures, craignant de manquer la Troade; mais le paquebot, moins pressé, sortait seulement du canal qui sépare Lesbos du continent. Bientôt il double le cap Baba, sur lequel apparaissent une bourgade et une forteresse. Des collines boisées dominent à distance le rivage de l'Asie, et, par dessus, au loin, surgissent les cimes farouches du mont Ida, qui semblent grandir à mesure que le bateau s'éloigne. Lemnos, où Vulcain dirigeait ses établissements métallurgiques, profile dans la brume son double sommet volcanique. Plus près, devant nous, une autre Sporade élève une muraille de rochers grisâtres : c'est Ténédos, dont le chef-lieu se blottit au pied d'une vieille citadelle. La baie voisine est celle de Besika, où se réunirent, en 1853, les flottes de la France et de l'Angleterre. Au Nord, les îles d'Imbros et de Samothrace, confondues par la perspective, découpent sur le ciel leurs crêtes tourmentées.

Encore quelques milles, et, par une échancrure de la côte nommée le Retranchement d'Hercule, nous apercevons l'emplacement présumé de Troie.

Des collines monotones courent le long du fleuve Scamandre, dont on devine la dépression. Le site, assez banal, n'a guère d'autre intérêt que celui des souvenirs épiques. Et cependant nous ne nous serions jamais consolés, si nous étions passés de nuit devant la Troade.

Yéni-Scher signale, du haut de sa falaise, l'entrée du détroit des Dardanelles. Un monticule couvert de gazon passe pour être le tombeau de Patrocle. Un peu plus loin dans les terres se trouve le tombeau d'Achille. Nous saluons de confiance ces deux *tumuli*, que déjà les anciens vénéraient au même titre. Après la petite ville et le château de Koum-Kalessi, le Scamandre se jette dans la mer, et, par l'ouverture de la vallée, l'œil s'enfonce de nouveau dans la plaine de Troie jusqu'à la colline d'Issarlik, où les derniers travaux de M. Schliemann placent l'Ilion de Priam.

La Chersonèse de Thrace, que nous côtoyons, ne présente que d'arides falaises. Au point le plus étroit de l'Hellespont, le Château d'Europe et le Château d'Asie se regardent comme deux chiens de faïence. Le premier est une antique forteresse, ceinte d'une muraille en forme de cœur et complétée par un fort moderne, qui, sous une humble apparence, est infiniment plus sérieux que les créneaux et les mâchicoulis. Le Château d'Asie protège de sa grosse tour carrée et surtout de ses batteries rasantes la ville de Dardanelles que les Turcs appellent Konak-Kalessi et dont plusieurs maisons portent des pavillons consulaires. Le soleil s'est voilé, le vent souffle avec force, la vague déferle contre le rivage. Le bateau s'arrête une heure pour prendre la libre pratique. De nombreuses embarcations l'accostent, portant des officiers ottomans, des femmes voilées, des marchands de poterie, qui vendent à quelques passagers de grands vases en terre noire à reliefs dorés, d'un goût discutable, mais d'un réel bon marché.

La côte se poursuit, basse, dénudée, sans que rien fasse pressentir ce que le

Bosphore nous réserve. Les souvenirs classiques se réveillent de nouveau. Un cap marque la situation d'Abydos, une anse, celle de Sestos. Entre ces deux points, Xerxès jeta un pont de bateaux pour faire passer son armée, et Léandre traversa le détroit à la nage pour rejoindre Héro sur la rive d'Asie. Singulier prestige des traditions poétiques ! La notoriété de ces deux villes disparues tient aux visites nocturnes de Léandre autant qu'à l'invasion médique, et les rendez-vous de deux amants occupent une aussi large place dans la mémoire que le passage de trois millions d'hommes sous la conduite du Grand Roi.

Le canal s'élargit ensuite. De petites rivières arrosent les plaines verdoyantes de la Roumélie. Un de ces modestes cours d'eau est le fameux Ægos-Potamos, et nous nous intéressons par occasion à la victoire de Lysandre sur les Athéniens. Plus loin, du côté de l'Asie, le soleil, qui nous distribue de temps en temps quelques rayons, éclaire Lampsaque et sa mosquée. Vingt-cinq minutes après, nous sommes devant Gallipoli.

Une demi-douzaine de minarets se détachent de l'entassement des maisons de bois, peintes assez tristement en gris. Puis les côtes s'écartent. Nous entrons dans la mer de Marmara. Des marsouins se jouent dans la transparence glauque des eaux et nous amusent de leurs bonds capricieux. Des vignes se montrent sur les rivages de l'Europe. Mon voisin de table, qui fait le commerce des vins, les regarde avec intérêt. Il opère des achats dans cette région, et les chiffres qu'il me cite sont curieux à noter.

Les prix des vins achetés aux producteurs varient entre 8 f. 50 et 15 fr. l'hectolitre, livrable au port d'embarquement et transporté à bord. Le coût du frêt est insignifiant, à peine croyable : 2 fr. 78 l'hectolitre, rendu à Rouen ! Or le transport de la même quantité entre Narbonne et Rouen monte à 5 fr. 50 c. Le rapprochement de ces chiffres ouvre de larges perspectives sur la beauté des tarifs.

Sans chercher à approfondir les mystères du commerce, je m'informe discrètement de la destination de ces vins.

— « On les manipule à Rouen », me confie mon interlocuteur, « on les coupe avec de petits vins blancs du Midi qui, sans altérer leur forte couleur leur donnent un peu de légèreté, et ils sont achetés ensuite par les marchands de vin de Paris...

— Qui les débitent à leur clientèle, après mouillage, sous le nom de vin de Mâcon ?

— « Précisément. »

L'opération me paraît bonne à retenir. Elle peut se formuler ainsi : 3 pièces de vin de Roumélie + 2 pièces de vin blanc du Midi = 6 pièces de vin de Mâcon.

Que de charmantes surprises le commerce nous ménage !

L'entrepont du paquebot est encombré d'indigènes. Des Turcs, des Albanais dorment vautrés sur des matelas ou enveloppés, comme des paquets, dans de vieilles couvertures. Deux musulmans marmottent des prières, agenouillés sur des tapis crasseux, s'inclinant, se prosternant jusqu'au plancher. Des Grecs, moins soucieux de leur salut, jouent gaiement aux cartes. Une affreuse négresse fait chauffer son café avec une satisfaction qui se lit sur sa figure bestiale. Un coin de l'avant, protégé par un rideau, abrite les femmes et les enfants. Le froid est assez vif, et nous en sommes presque à envier les cafetans fourrés des Turcs qui nous étonnaient hier à Smyrne.

La nuit nous prend en vue de l'île de Marmara, dont les carrières de marbre forment des taches blanches sur la masse grise des escarpements. Le vent est glacial, et nous ne faisons pas longtemps le quart accoutumé. Demain matin, au lever du soleil, nous serons devant Constantinople, et il ne faut pas manquer l'arrivée.

14 mai.

Nous ne nous sommes pas levés assez tôt. Au moment où, avertis par le ralentissement de la marche, nous nous précipitons sur le pont, le *Charkieh* double la pointe du Sérail et, deux minutes après, il s'arrête à l'entrée de la Corne-d'Or. C'est une autre impression que celle que nous pensions éprouver, une vision brusque, instantanée, sans préparation, sans attente, qui a bien aussi son prix. Tout Constantinople, en effet, se déroule autour de nous, exactement comme un panorama grandiose dont nous occuperions le point central. Le soleil se dégage des nuages et blanchit les coupoles. Dans la hâte de notre curiosité, nous nous faisons nommer les principaux édifices : Sainte-Sophie, dont les lourdes murailles nous causent quelque déception, les kiosques du Vieux Sérail, presque enfouis dans la verdure des cyprès et des platanes, la colossale mosquée de Soliman, celle d'Ahmed avec son cortège de minarets, la tour du Séraskiérat au faîte de Stamboul, celle de Galata, qui domine la ville franque, etc.

Mais ce n'est pas l'heure de nous abîmer dans la contemplation. Le paquebot achève ses évolutions ; des canots l'accostent et les drogmans des hôtels font signe, aux voyageurs qui les cherchent du regard. Celui de l'hôtel d'Angleterre monte à bord, réunit nos bagages, et, sans autre embarras, nous prenons son canot pour aborder. Les douaniers jettent un vague coup d'œil sur nos passe-ports. Puis un colloque mystérieux s'établit entre eux et le drogman. A peine avons-nous touché terre, et déjà le mot de « bakchich » est prononcé. Moyennant un certain nombre de piastres, nos colis ne seront pas visités, et les mains sales des douaniers ne se glisseront pas entre nos chemises. Seulement, pour sauver les formes, les estimables agents font ouvrir une malle et la referment aussitôt sans y rien toucher. Les bagages sont hissés ensuite sur les dos de trois portefaix, et nous nous dirigeons vers l'hôtel d'Angleterre.

Le chemin n'est qu'une succession de rues étroites, grimpantes, puantes, mal pavées, obstruées de chiens galeux et bordées de sordides échoppes. A l'angle de la rue de Péra, on nous montre une assez vilaine maison : c'est l'hôtel d'Angleterre. Le propriétaire, M. Logothetti, nous installe au premier étage. Nos trois chambres ouvrent sur un large vestibule, décoré de faux Claude Lorrain et de pseudo-Caravage ; mais les fenêtres n'ont d'autre vue que celle de la rue lamentable par laquelle nous sommes arrivés. J'en serais navré, si M. Logothetti ne me faisait espérer un changement prochain.

Le concours d'un drogman passe pour être indispensable. C'est un malheur ; mais il faut savoir l'accepter avec philosophie. M. Ber... s'abouche avec un juif nommé Moïse, fort gros, fort laid, mais assez bon diable et très polyglotte. Et, le marché conclu, nous partons sous sa conduite pour faire une reconnaissance dans Stamboul.

— « Pour ne pas vous fatiguer, Excellences, nous allons prendre la ficelle, » dit Moïse. La ficelle? Eh bien oui ! une ficelle comme à Lyon, un chemin funiculaire, le « tunnel », comme on dit plus communément, qui, d'une petite place voisine de l'hôtel, nous descend, en trois minutes, à la rue de Galata, nous évitant, moyennant vingt centimes, les affreux pavés et les interminables escaliers de Péra. Qui prétendait donc que les Turcs étaient arriérés?

Nous n'avons pas fait quatre pas sur le pont de Galata que nous sommes empoignés par l'étrange spectacle de la population cosmopolite et bigarrée qui s'y presse. Au bout, dominant la place bruyante de Balouk-Bazar, s'arrondit la coupole de la mosquée de la Validé-Sultane. Une centaine de pèlerins, Tcherkesses, Kirghiz, Turcomans, font leurs ablutions aux fontaines extérieures. Ces croyants vont bientôt partir pour la

Mecque, où l'agence Cook a mission de les transporter. L'Orient se met à nous copier de trop près. Peut-être ne saurais-je dire pourquoi, mais le pèlerinage de la Mecque avec des billets Cook ne me semble plus sérieux.

Rien de plus banal que la rue Bagtché-Kapou, que nous prenons à gauche. Un tramway la remonte et mène par Sainte-Sophie au Château des Sept-Tours. Après le turbé du sultan Abdul-Hamid Ier, nous passons devant le ministère des Affaires étrangères, vaste construction dont la porte, couverte d'un toit en saillie, est ornée de pilastres de marbre et d'emblèmes militaires. Saluons : c'est Bab-Ali, c'est la Sublime-Porte.

Et quand nous avons contourné Sainte-Sophie et admiré la délicieuse fontaine d'Ahmed III, un des plus purs joyaux de l'art turc, nous franchissons Bab-Houmayoun, haute porte en marbre blanc et noir, au-dessus de laquelle se dessine une inscription en lettres d'or. Elle nous introduit dans la première cour du Sérail, où sont disséminés quelques édifices, la Monnaie, l'ancienne église Sainte-Irène, bâtie par Constantin et transformée en arsenal. Non loin de ce dernier monument s'élève, creusé par les feux de bivouacs, le Platane des Janissaires, qui mesure, à hauteur d'homme, huit mètres de circonférence. Une autre porte, Orta-Kapou, donne accès dans la seconde cour; mais nous n'avons pas l'autorisation nécessaire pour y pénétrer, et, revenant sur nos pas, nous descendons, à travers un jardin peuplé de stèles et de sarcophages, au musée d'antiquités installé, en 1882, dans le Tchinili-Kiosk, qu'un splendide revêtement de faïence décore à l'extérieur.

Très européen, ce musée. On prend un billet à un guichet, moyennant cinq piastres, on dépose sa canne, et des gardiens à peu près propres vous accompagnent dans les salles. La collection comprend un peu de tout, des monuments funéraires analogues à ceux du musée d'Athènes, des terres cuites de

Myrina, des statues chypriotes, des mosaïques détachées des mosquées, une patère en argent, ciselée avec une rare perfection et représentant Diane chasseresse, une partie de la tête d'un des trois serpents entrelacés de la colonne Serpentine, deux statues mutilées de jeunes athlètes, appartenant à la plus belle période de l'art grec, etc., et — ce qui nous intéresse vivement — des bijoux en or provenant des fouilles opérées, en 1873, à Hissarlik, par M. Schliemann, des bracelets, des chaînettes, des boucles d'oreilles, dont les archéologues font remonter l'exécution au seizième siècle avant notre ère.

La belle place At-Meïdan occupe l'emplacement du Cirque, fameux par les querelles des Bleus et des Verts. La mosquée d'Ahmed en borde un côté. Ses neuf coupoles, ses six minarets, son enceinte à jour, les magnifiques platanes qui projettent leur ombre sur ses murailles blanches, forment un tableau d'une beauté magique. D'autres monuments se disputent l'attention, l'Obélisque de Théodose, monolithe de granit rose haut de trente mètres, la Pyramide murée de Constantin Porphyrogénète, autre obélisque que le temps a dégradé, la Colonne Serpentine, qui, pendant huit siècles, consacra, devant le temple de Delphes, le glorieux souvenir de la victoire de Platée. Ce sont les seuls restes de la somptueuse décoration de l'Hippodrome, dont ils indiquent l'axe. Des maisons de bois s'éparpillent sur les autres côtés de la place, déjetées, hors d'aplomb, peintes de toutes couleurs, misérables, mais pittoresques. Quelques femmes passent en silence comme des fantômes, quelques chiens dorment au soleil, et nous sommes seuls à soulever la poussière de ce sol défoncé, qui n'a pas reçu un coup de balai depuis le jour où la mitraille de Mahmoud II coucha par terre plusieurs milliers de Janissaires.

Ces mêmes Janissaires ont leur musée dans le voisinage. Des mannequins figurent les principaux fonctionnaires de la maison du Grand-Seigneur et les différents types militaires de l'ancien régime ottoman. Nos Turcs d'opérette n'ont pas de plus volumineux turbans et de plus féroces moustaches que ces importants personnages. Des inscriptions indiquent leurs attributions, muphti, grand vizir, chef de police, grand eunuque, muet, bouffon, etc. Un mannequin doré sur toutes les coutures attire notre attention. Est-ce un mouchir ou un capitan-pacha? Non, c'est le chef cuisinier du Sultan.

A quelques pas de là, au milieu d'une petite place, un escalier descend à la Citerne des Mille et une Colonnes. Il paraît qu'il n'y en a que deux cent douze; mais elles font bien de l'effet comme mille et une. Un demi-jour éclaire, à l'entrée, ces quinze nefs parallèles, et leurs profondeurs se perdent dans une ombre sinistre. La citerne est à sec, des cordiers y exercent même leur industrie; mais le sol est si vaseux qu'on ne peut guère dépasser les premières travées. Avec de l'eau, une barque pour promener les visiteurs, et des torches pour sonder ces ténèbres, l'exploration serait fantastique.

Quand nous avons encore vu la Colonne Brûlée de Constantin, dont les incendies ont noirci et calciné les tambours de porphyre, nous montons au Séraskiérat. Une grande porte, flanquée de pavillons moresques, s'ouvre sur une immense esplanade. A peu de distance des bâtiments ministériels reconstruits, en 1870, à la moderne, se dresse la célèbre tour de marbre, d'où les vigies signalent les incendies. Cent quatre-vingts marches nous conduisent à une galerie circulaire dont les baies vitrées offrent successivement, au fur et à mesure qu'on tourne, la vue des différents quartiers de Constantinople et de ses environs. Mais je ne veux pas découper le panorama en menues tranches. Il me faut une sensation plus complète et plus violente. Je gravis quarante marches de plus, je monte à une échelle, je soulève une trappe et je me glisse au faîte de la tour, sur l'étroite plate-forme du pigeonnier, que la bise évente furieusement. C'est un éblouissement. Dans l'atmosphère lumineuse, Constantinople développe le relief de ses collines et de ses édifices avec une variété de silhouettes et une richesse de colorations qui donnent l'illusion d'une féerie réalisée. On promène son regard de mosquée en mosquée, on le laisse glisser sur les eaux immobiles de la Corne-d'Or, se poser sur les jardins du Sérail, fuir d'île en île jusqu'à la côte vaporeuse de Bithynie, on s'enivre de blancheur et d'azur, on se rassasie de rayonnements, de belles lignes, d'architectures imprévues. Et sans chercher à détailler froidement la merveilleuse perspective, je n'en veux indiquer aujourd'hui que les deux notes dominantes : l'effet des coupoles et des minarets tranchant sur le fond bleu de la mer, et le mélange ravissant de la verdure et des constructions.

Nous finissons la journée au Grand-Bazar. Le drogman nous promène dans ses rues innombrables, qui demanderaient cinq heures de marche, si l'on avait la prétention de les parcourir toutes. Comme à Smyrne, il y règne une pénombre qui doit être fort appréciée des marchands. Les étalages des bijoutiers n'évoquent pas l'idée du luxe oriental ; les pierreries sont montées lourdement et sans goût ; mais nous ne voyons pas le fond des tiroirs. Le Bézesten, réservé aux objets de curiosité, nous intéresserait davantage, si nous avions le temps de démêler, au milieu de la camelotte turque, les pièces d'une réelle valeur. Au bazar de la chaussure, des myriades de babouches et de bottines semblent refléter toutes les couleurs de l'arc-en-ciel. Ailleurs, des dames turques font leurs achats de vêtements et de passementeries. Assises à l'entrée des boutiques, enveloppées dans leurs *féredjés* multicolores, violet rayé de blanc, bleu vif, écarlate, lilas, rose tendre, feuille morte ou même jaune serin, les *hanoum* examinent longuement les étoffes et dérangent parfois, pour les mieux voir, les plis de leur *yachmak*. Quelques-unes pénètrent même en voiture dans les galeries et se font apporter les articles sans mettre pied à terre. Et ce sont des conversations sans fin avec les marchands, qui distinguent aussi bien les traits de leurs clientes que nous distinguons ceux des Européennes à travers leurs voilettes. Notez qu'en même temps la séparation des sexes est si complète qu'un Turc n'a jamais l'occasion de voir la femme de son meilleur ami et d'échanger un mot avec elle. Il paraît que les mœurs de l'Islam réservent des faveurs spéciales au commerce.

La plupart des magasins sont tenus par des Grecs, et ceux-ci interpellent, harcèlent l'étranger avec une insistance que rien ne rebute. « Entrez, Monsieur, vous n'êtes pas obligé d'acheter, » entend-on dire à chaque pas, et, pour peu qu'on hésite, le marchand vous pousse dans sa boutique et vous propose mille objets, des soies brodées, des étagères peintes, des plateaux niellés, des faïences, des poignards ciselés, et finalement un fez de deux francs cinquante, quand il s'aperçoit que le poisson ne mord pas à l'hameçon. L'habitude de surfaire est poussée jusqu'à l'extravagance. En payant quinze francs l'article dont le marchand demande cent francs, on est encore sûr d'être volé. Souvent l'étranger est victime d'une autre flibusterie. L'individu qui pousse à la vente n'est pas toujours un marchand : c'est aussi un simple courtier qui exerce le métier de rabatteur. Et vainement on l'éconduit ; il suit l'étranger à distance, et, quand celui-ci s'arrête à un étalage, il fait signe au marchand comme s'il avait amené le client. Dans le cas où se conclut un achat, le vendeur majore de trente pour cent le prix de l'objet et abandonne la commission au courtier dont le malheureux acheteur n'a pas même soupçonné l'intervention.

La population fourmille dans les rues qui nous ramènent au pont. Des portefaix, des marchands ambulants nous heurtent sans crier gare, des ânes chargés de solives encombrent la chaussée, d'abominables pavés nous écorchent les pieds, des chiens nous passent entre les jambes, et — ce qui est l'indice d'une civilisation assez avancée — le drogman nous engage à prendre garde aux pick-pockets.

La ville franque paraît terne, au retour, et même fort laide jusqu'au lycée impérial de Galata-Seraï ; mais, à partir de ce point, la grande rue de Péra, détruite avec beaucoup d'autres par l'effroyable incendie du 24 mai 1870, qui dévora, en six heures, neuf mille maisons et coûta la vie à deux mille personnes, a été notablement élargie. Ses hautes maisons, auxquelles s'accrochent parfois des balcons vitrés en saillie, comme les *miradores* de Cadix, sont d'une élégante correction. Au delà de la grande caserne d'artillerie, un guichet donne accès, moyennant dix paras, dans le jardin municipal du Taxim. De la terrasse si bien nommée de Bella-Vista, entre les platanes enguirlandés de rosiers en fleur, on découvre avec ravissement un coin du Bosphore.

Un vapeur qui traine son panache de fumée noire, de petits bateaux dont la brise gonfle les voiles blanches tracent seuls leur sillage sur les eaux bleues. De l'autre côté, Scutari multiplie dans ses vitres flamboyantes les feux du soleil couchant ; de jolies villas s'adossent aux pentes vertes de la rive asiatique, et le palais de Beyler-Bey, où l'impératrice Eugénie reçut, en 1869, l'hospitalité du sultan Abdul-Aziz, réfléchit dans le détroit sa luxueuse façade de marbre. Tout cela est d'une légèreté de ton aérienne, impalpable, presque immatérielle comme un songe. Mais je ne rêve pas, car j'aperçois bien des casernes, et ce détail, qui abonde à Constantinople, me rappelle vite au sentiment de la réalité.

Un coup de canon retentit soudain, répété par les échos, puis un deuxième. C'est le signal officiel du coucher du soleil et de la rupture du jeûne. Demain, avant cinq heures, les mêmes détonations nous réveilleront. Il est de règle, en carême, de ne manger, ni boire, ni fumer, ni respirer aucune odeur pendant toute la durée du jour ; mais les Turcs se rattrapent la nuit, et le Ramazan ne laisse pas que d'être une période assez joyeuse.

15 mai.

Je suis descendu de bonne heure au cimetière abandonné des Petits-Champs, qui est voisin de l'hôtel d'Angleterre. De grands cyprès ombragent les stèles de marbre coiffées de turbans, que le temps et les mouvements de terrain ont inclinées en tous sens, comme si une tempête avait passé sur cette plantation funèbre. Au bas de la pente bleuit la Corne-d'Or, et, sur l'autre rive, Stamboul déroule la ligne onduleuse de ses collines, entre lesquelles court le vieil aqueduc de Valens. Quelques maisonnettes de bois peinturlurées et les ruines noirâtres d'un quartier incendié bornent le cimetière au nord. Des conducteurs en pelisses rouges poussent des troupeaux de moutons ; des femmes drapées dans leurs *féredjés* suivent les chemins vaguement tracés qui serpentent avec les déclivités du sol. C'est d'un pittoresque achevé, mais d'une indicible saleté. Toutes les vieilles savates, tous les chiffons graisseux de Constantinople se sont donné rendez-vous dans cette nécropole. Des chiens rongés de vermine dorment sur les tombes. J'en remarque un dont l'immobilité paraît suspecte. L'animal est mort et il est probable qu'il restera là longtemps.

La tournée des mosquées remplit notre matinée. Sainte-Sophie est naturellement l'objet de notre première visite. L'extérieur, flanqué de massifs contre-forts, défiguré par des constructions parasites, ne répond guère à l'idée qu'on peut s'en faire ; mais l'intérieur dépasse toute attente. La basilique byzantine me semble d'une grandeur stupéfiante, et cependant j'ai encore dans les yeux la vision bien nette de Saint-Pierre. Nul édifice peut-être n'a réuni dans une aussi prodigieuse harmonie la majesté des lignes et la richesse des matériaux. Tout a été mis à contribution, le génie des architectes et les plus magnifiques ornements dont l'antiquité s'était fait gloire. Entre les quatre énormes piliers qui supportent les arcs de la coupole s'élèvent, à droite et à gauche, quatre colonnes de brèche verte, que Justinien avait fait venir d'Ephèse. D'autres colonnes ont été prises à Balbek, à Thèbes, à Palmyre. Le temps a fondu les nuances, éteint les ors, mitigé l'éclat des marbres, et partout où les Turcs n'ont pas appliqué leur stupide badigeon, c'est une coloration à la fois douce et somptueuse qui s'associe merveilleusement aux splendeurs de l'architecture.

Le drogman nous signale les menues curiosités, la chaire aux fines découpures, la loge grillée du Sultan, le mihrab placé obliquement, comme les nattes, pour indiquer l'orientation de la Mecque, les mosaïques à demi-disparues, la « colonne qui sue », le vieux tapis de prière de Mahomet, etc. Mais les détails nous échappent dans l'impression d'ensemble. Nos yeux remontent sans cesse vers l'orbe immense de la coupole, suivent les belles courbes des arceaux ou s'égarent dans la forêt de ces colonnes qui ont vu défiler les fastueux cortèges des empereurs grecs et apparaître, comme un horrible cauchemar, les soldats de Mahomet II.

Faut-il avouer que nous sommes aussi préoccupés des babouches que les imans nous ont fait chausser par-dessus nos bottines? A tout instant, ces malheureuses savates nous abandonnent, sans que nous en ayons conscience. Et chaque fois les prêtres nous font remarquer d'un geste courroucé que notre tenue a cessé d'être réglementaire. Il faut courir alors après la babouche égarée et revenir en traînant les pieds, comme si l'on patinait sur les nattes.

D'autres babouches non moins avachies nous attendent au seuil de la mosquée d'Ahmed. La simplicité de cet édifice est imposante. Quatre piliers géants, dont la circonférence est de trente-un mètres, soutiennent le grand dôme de leurs fûts cannelés. Des arcs en ogive reposent sur des colonnes de marbre et de granit; des carreaux émaillés revêtent les murs jusqu'à une certaine hauteur, et les voûtes, récemment peintes, reproduisent les fleurons de la céramique.

Au point culminant de Stamboul, la Suleïmaniéh ou mosquée de Soliman le Magnifique couvre de sa masse colossale et de ses nombreuses dépendances une esplanade plantée de cyprès et de platanes. Trois nefs la divisent à l'intérieur. Au centre s'ouvre la grande coupole soutenue par quatre massifs carrés que relie, de chaque côté, une colonnade de granit rose. Des vitraux, une chaire en bois sculpté, un mihrab encadré de faïences sollicitent tour à tour le regard. Des fidèles prosternés récitent la prière, des prêtres allant et venant détachent leurs costumes sur la tonalité blanche et bleue des murs. Le tableau est d'une couleur intense, et nos jaquettes étriquées en troublent seules la belle harmonie.

Des jardins entourent le turbé de Soliman, édifice octogone qui renferme trois grands cercueils drapés de cachemires et surmontés de turbans. Un turbé voisin est celui de la fameuse Roxelane qui sut captiver Soliman et s'élever de l'esclavage au rang de sultane. Cette charmante femme aurait pu se contenter de la renommée que lui a valu la courbe particulière de son nez; mais l'ambition la mêla souvent à de sanglantes tragédies domestiques. Et cependant, à une époque où le cimeterre et le lacet jouaient un rôle actif dans la vie du harem, elle mourut tranquillement dans son lit, toujours souriante, et, selon la formule en usage, « regrettée de son époux », ce qui n'est pas ordinaire quand l'époux s'appelle Soliman le Magnifique et a seize cents femmes pour le consoler.

L'entrée dans les mosquées ne souffre aucune difficulté. Elle est même à peu près tarifée, un demi-medjidié par personne ; mais les prêtres trouvent cet honoraire insuffisant. Aussi, à la porte de chaque mosquée, des colloques s'établissent-ils entre eux et le drogman. L'accord qui semble fait ne dure pas longtemps. Quand le drogman remet le bakchich au prêtre chargé des encaissements, celui-ci manifeste une profonde stupeur. Puis, comme le drogman ne bronche pas, cette stupeur se convertit en indignation. Le saint homme fait sauter la pièce dans sa main avec un geste de mépris suprême et finit par la jeter par terre, comme si elle était indigne de sa grandeur. Une discussion s'engage, et, tandis que le drogman défend la bourse de ses commettants, le prêtre vocifère comme si on l'écorchait vif. Il n'y a qu'à s'en aller paisiblement sans y prêter la moindre attention. L'orage se calme, et si le vénérable iman a jeté la monnaie, il se décide à la ramasser, aussitôt qu'il s'aperçoit que ses plaintes n'éveillent pas le moindre écho.

Ce qui est vraiment drôle, c'est l'éternel renouvellement de cette scène. Il y a vingt ans que notre drogman conduit les étrangers dans les mosquées. Chaque fois, quel que soit le bakchich, les mêmes plaintes se produisent et la querelle se termine de même. Souvent les imans joignent un petit commerce à cette industrie. Pendant que nous visitions la mosquée d'Ahmed, l'un d'eux nous offrait avec insistance un carré d'étoffe brodé par quelque membre de sa famille. L'objet valant huit francs, il en demandait naturellement cent francs.

L'après-midi, nous faisons le tour extérieur des vieilles murailles de Constantinople. Ce serait une illusion de croire qu'une promenade en voiture repose l'organisme. On en revient, au contraire, courbaturé, contusionné, moulu, fini. Le cahot est l'état normal. Quand la voiture roule à peu près, on s'émeut, on s'inquiète, on se demande ce qu'il est survenu. Les défaillances de la voirie exaspèrent surtout M. Ber..., qui n'oublie pas son ancien métier d'ingénieur et qui juge volontiers les peuples à leur viabilité. « Chien de pavé ! »

s'écrie-t-il à chaque tour de roue. Et souvent, en nous montrant une rue quelconque où une douzaine de chiens jaunes dorment côte à côte : « Pavée de chiens! », se plaît-il à constater. Les deux exclamations sont d'une égale justesse.

Quand nous avons traversé le Vieux Pont, nous gagnons par une suite de rues tortueuses, à travers des quartiers populeux d'abord, silencieux et déserts ensuite, le Château des Sept-Tours. D'épaisses murailles ceignent cette grande ruine. Par un escalier extérieur, nous montons sur les remparts crénelés. La vue de Constantinople et de la mer de Marmara est d'une beauté saisissante; mais, à l'ouest, les cheminées d'une forge à vapeur et d'une fabrique de poudre font un contraste bizarre avec cet aspect si franchement oriental.

Une fois sortis de la ville, nous longeons les murailles antiques. Crevassées, chancelantes, ébréchées, tantôt elles montrent fièrement leurs balafres, tantôt elles les dissimulent sous un manteau de pariétaires. La plaine s'étend au loin, verte, monotone, sans relief et sans horizon. Un détour à travers des champs d'orge nous conduit au monastère grec de Baloukli. L'église possède des peintures byzantines, une image de la Vierge en argent repoussé ; mais ce ne sont pas ces curiosités secondaires qu'on vient voir. Les moines vous font descendre dans une chapelle souterraine et vous montrent gravement une piscine assez obscure où frétillent, paraît-il, des poissons miraculeux. L'histoire en est connue. A l'heure même où Mahomet II entrait dans Constantinople, un moine occupé à faire une friture répondit à celui qui lui annonçait la victoire des Turcs : « Bah ! je croirais plutôt que mes poissons vont sortir de la poêle et nager sur le plancher. » Le prodige s'accomplit, et ce sont les arrière-petits-neveux de ces poissons que les moines de Baloukli font voir aux étrangers. On prétend qu'ils sont rouges d'un côté et bruns de l'autre, comme au moment où leurs ancêtres étaient en train de frire. Mais nous n'avons pu vérifier cette coloration, les poissons ayant obstinément refusé de se laisser apercevoir. Je ne sais pourquoi l'on s'amuse de la superstition des moines. Ceux-ci ont de bien meilleures raisons pour rire dans leur barbe de la simplicité des visiteurs qui, sur la foi d'une grotesque légende, viennent voir la piscine et apporter pieusement leur offrande. Est-ce que ce n'est pas très spirituel de se faire trois mille livres de rente en élevant une demi-douzaine de petits poissons rouges ?

Revenus aux murs, nous passons devant Mevlévi-Hané-Kapou, porte basse où sont scellées des colonnes de marbre, puis devant Top-Kapou, la Porte du Canon, l'ancienne porte Saint-Romain où périt le dernier des empereurs grecs. Le décor du grand drame historique qui s'est accompli le 24 mai 1453 n'a pas changé. Les murailles trouées, disloquées, les courtines ébréchées, les tours fendues, éventrées ou à demi rasées sont telles que les ont laissées les canons de Mahomet II. Quatre siècles ont passé sur cette majestueuse enceinte, sans effacer les traces de la lutte à jamais mémorable qui a changé les destinées de l'Orient et ouvert pour nous l'ère des temps modernes.

Nous coupons le joli vallon du Lycus. En face de la fontaine de Beylerbey, ombragée par un vieux saule, s'ouvrait une porte antique, actuellement bouchée. Les deux tours qui la flanquaient se sont écroulées par gros blocs, presque tout d'une pièce. La végétation est exubérante aux alentours et fait une riante bordure à ces ruines où éclatent encore les fureurs suprêmes de l'assaut. Plus loin, nous franchissons la porte d'Andrinople. A peu de distance s'élève une petite mosquée, Kakriyé-Djami, qui a été jadis une église byzantine et qui renferme des mosaïques du plus haut intérêt, tout récemment découvertes sous le badigeon qui les cachait. Au-dessus des portes du narthex, d'habiles artistes du septième siècle ont figuré un grand Christ en buste, la Multiplication des pains, les Noces de Cana ; ailleurs, saint Pierre, saint Paul, des épisodes de la vie du Christ et de la Vierge. L'intérieur est un beau modèle de style byzantin. Des fresques détériorées se voient encore dans une chapelle et une frise en mosaïque de marbre court le long de la nef.

Repassant sous la porte d'Andrinople, nous descendons vers la Corne-d'Or. Toujours à droite s'élèvent les murailles, roussâtres, tachetées de fleurs, festonnées de lierre, devenues même une pépinière d'arbustes. Un édifice en ruine qui y semble encastré serait l'ancien palais de Constantin, selon certains archéologues, de Bélisaire, suivant la dénomination vulgaire. Et, à gauche, des cimetières s'étendent à perte de vue. Des milliers de cyprès surgissent entre les tombes ; les rayons du soleil se faufilent à travers leurs sombres masses et posent sur leurs troncs des touches ardentes, qui éclairent mystérieusement les dessous de la forêt funèbre. L'impression devrait être assez lugubre dans cette vaste cité des morts; mais le jour est si radieux, la verdure si fraîche, l'air si chargé d'effluves et de parfums printaniers, que nous ne nous attardons guère aux pensées mélancoliques.

Nous rentrons enfin dans Stamboul par la porte d'Eyoub. Après le sale et répugnant quartier juif de Balata, le Phanar, où demeurent les Grecs, a bonne apparence. Puis les moucharabis reparaissent aux fenêtres, les femmes se voilent, les rues redeviennent malpropres : nous sommes chez les Turcs. Voici enfin le Vieux Pont, l'édifice à colonnettes du ministère de la marine et les cyprès des Petits-Champs-des-Morts. Encore un coup de collier, et notre équipage nous dépose devant l'hôtel d'Angleterre.

Pendant le Ramazan, les mosquées sont illuminées à la tombée de la nuit. Nos soirées n'ayant aucun emploi, nous jugeons à propos de descendre au pont de Galata pour jouir du coup d'œil. La topographie de Péra nous est encore peu connue et l'éclairage des rues laisse tout à désirer. Cependant il nous semble qu'en suivant la ligne du tramway de Chichli à Galata, qui aboutit à cent mètres du pont, nous ne pouvons nous tromper. Tout va bien jusqu'en bas; mais, arrivés là, l'embarras commence. Faut-il tourner à droite ou à gauche? Après une courte délibération, nous inclinons à gauche. Naturellement c'était à droite qu'il fallait aller, et, si nous avions fait trente pas de ce côté, nous enfilions la rue de Kara-Keuï qui tombe au pont. Enfin nous remontons la rue de Galata, et, attirés, comme des phalènes, par les lampions d'une mosquée, nous nous dirigeons de ce côté. Bientôt une grille, une fontaine, les bâtiments de l'arsenal de l'artillerie nous avertissent que nous sommes à Top-Hané, c'est-à-dire que nous tournons le dos au pont. L'erreur est évidente. Sans nous y obstiner davantage, **nous confions à un cocher le soin de nous rapatrier.** Cet osmanli ne nous comprend pas; mais, comme des étrangers demeurent

13

nécessairement à Péra, il nous ramène tout de même au gîte.

Il s'en fallait de beaucoup, d'ailleurs, que les rues fussent désertes. Les cafés regorgeaient de consommateurs en rupture de jeûne; des tables s'avançaient jusqu'au milieu de la voie publique; on mangeait, on buvait, on chantait. C'était une vaste kermesse, et le spectacle eût été curieux à observer, si nous n'avions craint de nous égarer à une heure aussi avancée.

16 mai.

La nuit a été troublée. Vers deux heures un bruit persistant de voix, d'allées et venues précipitées me réveille. Je m'imagine que les Turcs continuent à festoyer et je me retourne sur mon oreiller. Cependant, le tumulte ne cesse pas, des gens courent, d'autres crient, des vitres volent en éclats. Je regarde à la fenêtre et je vois la maison d'en face teintée d'un beau rouge. C'est le feu. Il est à vingt mètres de l'hôtel d'Angleterre et dévore l'hôtel Apostolopoulos, à l'entrée de la rue Asmali-Mesjid, qui fait suite à la rue Koumbaradgi, sur laquelle donnent nos fenêtres. La grande rue de Péra sépare les deux rues ; mais sachant avec quelle rapidité le feu se propage à Constantinople, je réveille mes deux compagnons, et, d'un salon voisin, comme d'une avant-scène, nous suivons les phases de l'incendie.

L'hôtel, qui est construit en bois, brûle du haut en bas. Les flammes s'élancent par toutes les ouvertures et vont lécher les persiennes de la maison située de l'autre côté de la rue. Affolés les habitants de cette maison essaient de se défendre. J'en vois qui, du troisième étage, vident naïvement leurs cuvettes sur le brasier. Au bout d'une longue demi-heure, les pompiers arrivent et inondent les toitures d'alentour. Heureusement, des murs en pierre s'opposent au développement de l'incendie. La maison s'effondre, une nuée d'étincelles se répand dans l'air, et c'est fini. En une heure, un édifice à quatre étages a fait place à un monceau de cendres et à un tas de solives carbonisées.

J'ai déménagé ce matin. Touché de mes plaintes, M. Logothetti me donne, au troisième étage, une chambre précédée d'une terrasse, qui offre une vue admirable. Il faut voir ce qu'en dit le correspondant du *Times*, M. de Blowitz, dans sa brochure intitulée *une Course à Constantinople* : « Je demeure ravi, transporté, en extase, » s'écrie-t-il. « Les portes-fenêtres donnent sur une terrasse, et, de cette terrasse, la ville, le port, la cité et la tour de Galata, Péra, Stamboul, les minarets, le Bosphore et la Corne-d'Or, la pointe du Sérail, Scutari d'Asie, Kadi-Keuï, les îles Prinkipo, toute cette rêverie ensoleillée, toute cette beauté que rien ne peut ni rendre ni égaler, s'épanouit sous mes yeux... Je n'ai rien vu », conclut-il, « je ne veux rien voir de plus beau, et en écrivant ces lignes, je me sens pris d'un désir de revoir qui touche à la souffrance.

Moi non plus, je n'aurai jamais sous les yeux un plus magnifique spectacle que celui qui se déroule en ce moment et qui me charmera pendant dix jours encore.

Installé contre la fenêtre, écrivant aux miens, je n'ai pas besoin de consulter mes souvenirs de la veille pour dépeindre Constantinople. Je fais d'après nature mon croquis à la plume, et d'un coup d'œil j'embrasse, dans ses multiples détails et dans sa puissante originalité, cette perspective unique au monde.

Je la revois, plus grande et plus complète, une demi-heure après, de la Tour de Galata. Appuyés au balcon de la galerie circulaire, nous contemplons longtemps l'immense cité profilant ses blancheurs sur l'azur confondu du ciel et de la mer. Et quand, saturés de lumière, las d'admirer, nous commençons à nous familiariser avec cette splendide combinaison de formes et de couleurs, nous étudions, comme sur un plan, la topographie des divers quartiers, cherchant les noms des mosquées et prenant leurs coupoles pour repères de nos excursions.

Ma nouvelle installation me cause une satisfaction profonde ; mais je veux mettre le comble à ma félicité en me promenant sans drogman. Abandonnant Moïse, je traverse le pont, je tourne autour de Sainte-Sophie, je revois l'At-Meïdan, la belle mosquée d'Ahmed, je monte la rue Divan-Yolou, qui a le rare mérite d'être bordée de trottoirs, j'arrive aux portiques de marbre et aux beaux cyprès qui avoisinent la mosquée de Bajazet ; mais le soleil est terriblement chaud, et, me sentant cuit à point, je me jette dans le tramway de Balouk-Bazar. Des six voyageurs que j'y trouve, Turcs et Grecs, cinq sont munis de chapelets qu'ils s'occupent à égrener d'un air fort sérieux.

Nous allons parcourir ce Bosphore dont le nom seul résume tous les enchantements. A deux heures, nous nous embarquons sur un vapeur qui fait le voyage en zig-zag, touchant alternativement la côte d'Europe et celle d'Asie. C'est un trajet de cinq heures et de quarante kilomètres, aller et retour. Le bateau longe Top-Hané et passe devant le palais de Dolma-Baghtché, qui fut la résidence des sultans Abdul-Medjid et Abdul-Aziz. Extérieurement, c'est un édifice aux lignes rectangulaires dont l'ornementation participe de tous les styles. Avec sa couleur blanche et sa profusion de sculptures, il ressemble à ces palais de sucre qu'on voit chez les confiseurs. Et cependant il s'harmonise parfaitement avec le paysage qui l'encadre. Une architecture trop solennelle attristerait cette nature souriante et parée comme pour une fête perpétuelle. On dit que l'intérieur du palais est d'une richesse inouïe ; mais il faut une autorisation spéciale pour le visiter, et les bakchich à distribuer ne s'élèvent pas à moins de deux cents francs. C'est bien cher pour voir des appartements décorés dans le style Louis XIV, des glaces de Saint-Gobain, des cheminées plaquées de porcelaines de Sèvres et des plafonds peints par M. Séchan.

Un peu plus loin, au pied de la colline qui porte Yildiz-Kiosk, — le kiosque de l'Étoile, — résidence du sultan actuel, c'est le palais de Tchéragan. Rien d'oriental, des colonnades, des frontons corinthiens ; mais la bordure ajoute singulièrement à l'effet du tableau, et cette longue file de bâtiments, dont la mer lèche les terrasses, ne manque pas d'une certaine grandeur. Des soldats veillent aux portes et toutes les fenêtres sont soigneusement closes. C'est dans cette mystérieuse retraite qu'est enfermé, depuis douze ans, le frère et le prédécesseur du sultan, Mourad-Khan V, qui succéda, en 1876, à Abdul-Aziz et qui fut déclaré fou après quelques semaines de règne. Etait-il vraiment fou ? L'est-il toujours ? Personne n'a de certitude à cet égard ; mais il est plus prudent de n'en point parler.

On nous contait hier qu'un médecin, qui s'était exprimé un peu haut à ce sujet, avait été trouvé noyé quelques jours après.

En face, sur la côte d'Asie, le palais de Beylerbey, réédifié, en 1865, par Abdul-Aziz, déploie sa pompeuse façade et son quai de marbre blanc.

Les villages se succèdent ensuite sans interruption; les *yalis* des pachas et les petites maisons de plaisance forment la haie sur notre passage. Ces constructions de bois, avec les saillies et les étages en surplomb qu'elles comportent, affectent une fantaisie, une légèreté d'allures, une simplicité aimable que la pierre ne connaît pas. Peintes de toutes couleurs, brun, jaune, bleu clair, rose tendre, elles baignent leurs soubassements dans les eaux limpides du Bosphore. Des gens pêchent à la ligne de leur chambre; des caïques sont amarrés près des fenêtres, et des portes donnant directement sur le détroit permettent de les remiser sous des hangars. Une robuste végétation tapisse les douces ondulations des collines; des cyprès, des acacias, des platanes entremêlent leurs rameaux et projettent leur ombre sur les pelouses des jardins ; des parterres égaient les terrasses et la brise nous apporte la senteur des roses. A chaque tournant, la perspective change, et toujours c'est la même fraîcheur, la même suavité de contours, la même grâce fascinante, sans qu'aucun détail vulgaire vienne gâter l'impression.

Le bateau s'arrête à une vingtaine de stations. Les eaux sont si profondes qu'il rase parfois les maisons. Après Orta-Keuï et sa belle mosquée, après Arnaut-Keuï, « le village des Albanais », Bébek s'élève en amphithéâtre, au fond d'une anse délicieuse. Devant Kandilli, le courant est d'une extrême violence, et le vapeur cotoie la rive asiatique de si près qu'un homme muni d'un drapeau rouge se tient en permanence sur un petit promontoire pour prévenir les collisions.

Voici bientôt les tours massives du Château d'Europe et celles du Château d'Asie. Le premier — Rouméli-Hissar

— remonte à Mahomet II et au siège de Constantinople. Son enceinte crénelée, ses bastions formidables, dont les murs ont dix mètres d'épaisseur, dominent un village et un cimetière. Le Château d'Asie — Anadoli-Hissar — a une moins altière apparence. A côté du village qu'il entoure s'ouvre une jolie vallée. Des prairies s'étendent au bord d'un ruisseau, des frênes et des sycomores marient leur verdure à celle des gazons : ce sont les Eaux-Douces d'Asie.

Balta-Liman, Emirghian dans une baie plantée de cyprès, Sténia, Yeni-Keuï, qu'environnent des vignes et des bois, se suivent à peu d'intervalle sur la côte d'Asie. Kanlidjé, Tchibouklu, Pacha-Baghtché étalent leurs jardins fleuris, et des pins d'Italie couronnent de leur noble feuillage les villas échelonnées sur les terrasses.

Le détroit s'évase, le canal devient lac. Nous sommes dans le golfe de Beïcos. De l'autre côté, c'est Thérapia, où la plupart des diplomates ont établi leur résidence d'été. La légation italienne y arrive en même temps que nous. Un yacht à vapeur porte le personnel et remorque un bateau chargé de meubles et de caisses. Le pays est d'une beauté ravissante. Des parcs superbes couvrent toutes les pentes ; de grands arbres s'arrondissent en dômes et frôlent de leurs branches les maisons de bois où les ministres étrangers viennent chercher le frais. Après le « palais d'Angleterre », nous longeons le « palais de France », une large bâtisse dépourvue d'architecture, mais entourée d'une admirable végétation. Déjà nous apercevons le terme de notre course, Bouyouk-Déré, dernière escale du vapeur, qui fait face à une partie du Bosphore et offre un merveilleux coup d'œil.

De ce point, nous découvrons l'entrée du détroit et les eaux de la mer Noire. Mais nous n'y séjournons que quelques minutes, et le bateau, décrivant un arc de cercle, se dirige vers la rive asiatique, qu'il desservira de préférence. Les mêmes sites défilent sous nos yeux, mais éclairés un peu différemment et vus sous un autre angle. Le retour à Constantinople n'est pas la moindre attraction de la promenade. A partir de Beylerbey, on aperçoit la pointe du Sérail, et bientôt, avec la rapidité d'un changement de décor, Stamboul montre ses mosquées, ses minarets, son prodigieux amphithéâtre de maisons et de jardins qui se reflètent à la surface de la Corne-d'Or.

Evidemment, le touriste, maître de son itinéraire et soucieux de goûter dans toute sa plénitude la sensation de l'arrivée, doit entrer par le Bosphore. Une succession de sites enchantés, deux lignes de villas et de palais le conduisent ainsi graduellement jusqu'au panorama final, qui semble plus grand et plus magnifique encore, après ce parcours de vingt kilomètres où la main de l'homme a complété si heureusement l'œuvre de la nature.

Quand je rentre dans ma chambre, un autre spectacle m'attend. Le soleil descend derrière la Suleïmanièh, que ses rayons semblent environner d'une gloire. Les pentes ardues de Péra forment le premier plan, borné à gauche par le vaste palais de l'ambassade de Russie. En bas, à cent mètres au-dessous de mon belvédère, la mosquée de Mahmoud détache ses deux minarets cannelés sur les eaux scintillantes de la rade. Vingt vapeurs sont à l'ancre, cinq ou six fument dans diverses directions, et des caïques sans nombre circulent en tous sens.

Au second plan, derrière la Tour de Léandre, dont le flot caresse les blanches assises, Scutari se développe en pleine lumière, allumant ses vitres aux feux du couchant, et, plus loin, s'allongent, se perdent à l'horizon les maisons de Kadi-Keuï. En face, les kiosques du Vieux-Sérail s'étagent dans la verdure. Un clocher pointe au faîte de la colline : c'est le couronnement de la Salle du Trône. Sainte-Sophie apparaît ensuite au-dessus des platanes, puis la mosquée d'Ahmed, et, en suivant la ligne ondoyante, tracée par les collines de

Stamboul, la mosquée de Bajazet et celle de Soliman II.

La même lumière chaude baigne les derniers plans. Les îles des Princes découpent leurs silhouettes violacées sur la mer de Marmara. Tout au fond la côte d'Asie ferme la perspective, et, par-dessus ses groupes, le mont Olympe de Bithynie élève à deux mille huit cents mètres ses sommités neigeuses, qui conservent un reflet rose longtemps après que le soleil a disparu.

Le soir, c'est un autre effet. La lune argente les coupoles et se brise en mille petites facettes sur les eaux à peine ridées. Les minarets sont illuminés ; des feux dessinent leurs galeries et décrivent des chiffres d'allure cabalistique. La mosquée de Mahmoud, que j'aperçois de mon lit, reproduit le *thougra* impérial, le nom du Sultan exprimé par un lacis d'une élégante complication. Un bruit de voix, de chants, de musique monte de Galata : ce sont les croyants qui se livrent aux douceurs de la table. Tout est en fête, et ce pieux tapage ne prend fin qu'au jour, à l'heure où le coup de canon annonce la reprise du jeûne et prescrit l'extinction des narghilés.

17 mai.

Nous partons à neuf heures pour Kadi-Keuï, et vingt minutes nous suffisent pour passer d'Europe en Asie. A défaut de curiosités, l'antique Chalcédoine aligne de jolies maisons au bord de la mer. Le village voisin de Haïdar-Pacha est la tête de ligne d'un chemin de fer qui va à Ismidt — ci-devant Nicomédie — et qu'il est question de prolonger par Angora et Diarbékir jusqu'à Bagdad. A proximité de la gare s'étend un grand cimetière qui renferme les tombes des soldats anglais morts pendant la guerre de Crimée.

Un landau nous conduit au mont Boulgourlou. Quelques villas, entre autres celle du vice-roi d'Egypte, bordent la route, qui est fort large, mais dont le pavé est si raboteux que les voitures suivent uniquement les accotements. La campagne est riche et parfaitement cultivée. A l'ombre de beaux platanes, nous quittons notre équipage et, en un quart d'heure d'ascension, nous sommes au haut de la montagne. Une tente nous offre son abri, et l'industriel qui l'occupe nous prépare aussitôt quelques tasses de cet excellent café à la turque qui concentre et fait valoir, mieux que nos infusions, la délicatesse de l'arôme. De cet observatoire, nous découvrons un immense panorama, tout Constantinople, tout le Bosphore jusqu'aux villas de Bouyouk-Déré, jusqu'au mont du Géant qui signale l'entrée de la mer Noire. La Propontide bleuit dans son bassin cerclé de hauteurs et dominé par l'Olympe. A l'est se déroulent à perte de vue les plaines de l'Asie et tout un horizon d'âpres montagnes. De ce côté, point de végétation riante comme aux alentours de Kadi-Keuï, pas un village, pas une maison, le morne silence et l'attristante stérilité du désert. C'est d'une farouche grandeur.

Si je disais que nous avons rencontré au sommet du Boulgourlou quelques Turcs coiffés de turbans ou quelques femmes en féredjés roses, j'ajouterais peut-être un détail pittoresque au paysage, mais je ne serais pas véridique. La réalité avait moins de couleur : des Frères de la doctrine chrétienne menaient en promenade une vingtaine d'écoliers en jaquette. L'ordre possède, en effet, un important collège à Kadi-Keuï, et une centaine de jeunes Arméniens catholiques y reçoivent une éducation européenne.

Nous descendons à Scutari. La route traverse le grand cimetière, où des milliers et des milliers de cippes se dressent sous des cyprès séculaires. La ville n'a pas de physionomie bien particulière : ce sont les mêmes maisons de bois qu'à Constantinople, les mêmes rues malpropres. De l'embarcadère du vapeur, les mosquées, entourées de platanes, présentent un joli coup d'œil. Mais la caserne Sélimié est de proportions vraiment abusives. Ce lourd quadrilatère percé de deux cent trente fenêtres fait tache à l'entrée du Bosphore.

Une barque à deux rameurs nous promène, toute l'après-midi, dans la Corne-d'Or. M. Ber.... est chargé du gouvernail. Ce n'est pas une sinécure, et il faut même une attention soutenue pour ne pas se heurter à tout instant contre les caïques ou se faire couper en deux par un vapeur quelconque. Le canot traverse le port militaire, longe l'arsenal de Ters-Hané et passe devant les grands bâtiments de guerre, désarmés et à l'abandon. Nous débarquons au faubourg d'Eyoub, qui tire son nom d'un compagnon du Prophète, tué à la première attaque de Constantinople. Une rue étroite, bordée de tombes et de turbés, nous conduit à la mosquée. Cet élégant édifice est un des sanctuaires les plus vénérés de l'Islam. Les sultans viennent, au début de leur règne, y ceindre le sabre d'Othman, et jamais aucun giaour n'y a pénétré. La cour est pleine de fidèles allant et venant sous les galeries ou priant à l'ombre d'un grand platane; des officiers remettent leurs bottes; des mendiants se livrent à ces ablutions que le Prophète a été si bien inspiré de prescrire.

Par un chemin pavé qui monte entre deux rangées de tombes, nous gravissons la colline. Un cimetière en couvre les pentes, plus propre et mieux tenu que ceux que nous avons vus jusqu'alors. Chaque cippe est surmonté d'un turban, d'un fez ou d'un fleuron sculpté; des inscriptions en lettres d'or se détachent sur des fonds verts, bleus ou rouges. La végétation de ce champ des morts est d'une étonnante beauté. Du sentier qui serpente en corniche, l'œil plonge dans de véritables abîmes de verdure. Constantinople apparaît de profil, sous un aspect nouveau pour nous. Ses coupoles semblent émerger des frondaisons, ses minarets s'élancent avec sveltesse dans l'air bleu. Des voiles blanches glissent sur la Corne-d'Or, qu'on découvre jusqu'au Vieux Pont. Au delà de la mer de Marmara, l'Olympe se lève comme un colosse à la tête chenue. Les grands cyprès de la nécropole font un énergique repoussoir à cette perspective glacée d'azur. Sous nos pieds, quelques tombes abandonnées, quelques marbres fichés comme des menhirs se cramponnent aux escarpements. Le tableau respire un charme pénétrant, une sérénité délicieuse, et il restera dans ma mémoire comme une des plus brillantes visions de l'Orient.

A l'heure du retour, le mouvement du pont de Galata bat son plein. Toute la vie se concentre sur ces planches, et les types les plus divers y défilent sous les yeux de l'observateur. Cinq cents fez donnent à la fois leur note rouge dans cette étrange symphonie de couleurs. L'affreux paletot noir a fait bien des prosélytes, mais les vieux Turcs ont conservé religieusement leur costume national. Tous d'ailleurs, réformés ou réfractaires, ont des figures d'enterrement. Il semble que ce peuple ait conscience de sa chute et compte avec mélancolie les jours qui lui restent à vivre.

Des pèlerins venus du Turkestan et attendant le départ pour les lieux saints promènent leurs loisirs. Un personnage enturbanné, grand, mince, très brun, vêtu, sous son cafetan fourré, d'une robe de soie blanche à ramages d'or, passe gravement : c'est un mollah de la Mecque. Des nègres dégingandés se dandinent dans leurs longues redingotes : ce sont des eunuques du harem impérial, et ils n'en sont pas moins fiers. Des femmes enveloppées de féredjés éclatants et accompagnées de suivantes noires cheminent d'un pas languissant. Des employés, des fonctionnaires, des commerçants échappés du bazar gagnent en se pressant les embarcadères des petits vapeurs de la banlieue ; d'autres rentrent à Péra et à Galata, avec les éléments de leur souper, deux ou trois poissons au bout d'une ficelle. Des mendiants loqueteux, des estropiés qui rampent, des femmes dont la lèpre a dévoré le visage et qui n'ont plus rien à cacher, quémandent d'un ton plaintif.

Persans à bonnets pointus, Circassiens à bonnets fourrés, popes à figures de Christ byzantin, descendants prétendus du Prophète en turbans verts, officiers blonds comme des Allemands, Allemands peut-être, — car l'état-major turc est peuplé de compatriotes de M. de Bismarck, — Juifs au nez crochu, Asiatiques au nez camard, nègres hideux arrivés des confins du Soudan, toutes les races et toutes les nationalités, toutes les coupes de vêtements et toutes les variétés de profils se croisent sur les trottoirs. Des hamals s'avancent, courbés sous des poids écrasants. J'en remarque deux ; l'un porte douze chaises adroitement arrimées sur son dos qui affecte l'horizontalité d'une plate-forme, l'autre est chargé de caisses qui représentent un volume de trois mètres cubes.

Des cavaliers font résonner sourdement, sous le trot de leurs chevaux, les madriers du pont. Des femmes de pachas passent en coupé. Leur yachmak en tulle est plus fin, plus transparent que celui des femmes du commun, et parfois, à la faveur d'un arrêt, d'un embarras, j'aperçois de beaux yeux noirs, un nez correct, des lèvres de carmin. Des cawas galonnés et chamarrés se prélassent à côté des cochers, sur les sièges des landaus appartenant aux ambassades. Tout-à-coup le public s'écarte. Un officier galope devant un coupé que quatre cavaliers escortent. Je distingue dans la voiture un personnage à lunettes, maigre, sec, la barbe rousse, la figure en casse-noisette : c'est le grand vizir Kiamil-Pacha qui se rend au palais de Yildiz.

Le spectacle continue ainsi, toujours attachant, jusqu'à la nuit. Et quand on est las de coudoyer tous ces passants, on s'appuie sur la balustrade du pont, on suit le fourmillement des embarcations, les allées et venues des légers caïques. Quelquefois on est chassé par la fumée d'un vapeur. Les chauffeurs savent mal leur métier, et, au moment où l'on contemple les jardins du Vieux-Sérail ou l'imposante mosquée de Soliman, un nuage noir, opaque, infect vous enveloppe et vous oblige à fuir. Mais sept heures arrivent; la circulation diminue; les Turcs sont déjà rentrés chez eux et attendent impatiemment que le coup de canon réglementaire les autorise à manger. C'est le cas d'en faire autant, puisque l'heure de notre diner de giaours se trouve coïncider assez exactement avec le signal parti de Top-Hané.

Nous passons la soirée à l'hôtel Continental, chez M. Brunet, qui a été ministre de l'instruction publique, en 1877, et collègue de M. Van... à la cour de Paris. Il est actuellement chargé de juger avec deux autres arbitres les différends pendants entre le Sultan et le baron de Hirsch, à l'occasion des chemins de fer orientaux. L'interprète du tribunal arbitral arrive à neuf heures et demie. Il vient de diner chez le sultan. Et comme nous lui demandons quelques détails sur la petite fête :

— « Je n'ai pas besoin de vous dire », ajoute-t-il, « que Sa Hautesse n'a point paru. Quand elle daigne inviter quelqu'un, l'honneur consiste à dîner avec un chambellan. Nous étions, ce soir, une vingtaine, généraux, ministres, hauts fonctionnaires. Tout le monde était à table avant sept heures un quart. Chacun avait tiré sa montre, supputait les minutes, contestait l'heure du voisin et attendait le coup de canon. Au moment où il s'est fait entendre, les convives se sont rués, comme des affamés, sur le service, piquant avec leurs fourchettes dans les plats et opérant sur leurs assiettes d'invraisemblables mélanges d'anchois, de fraises, de caviar, de confitures, etc. Il y avait peut-être vingt-cinq plats à ce dîner ; mais je n'ai pas attendu le dernier pour m'échapper. »

18 mai.

Un tremblement de terre a eu lieu, cette nuit, à trois heures ; mais je suis forcé d'avouer que nous ne nous en sommes pas doutés.

Le vendredi est, comme on sait, le jour du *Sélamlik*, le jour où le Commandeur des croyants se rend à la mosquée pour y faire officiellement sa prière. Les prédécesseurs du sultan actuel visitaient alternativement différentes mosquées, et l'itinéraire, connu seulement à la dernière heure, variait ainsi chaque fois. Abdul-Hamid II, très méfiant de son naturel, ne se risque pas souvent à traverser Stamboul. Il a établi sa résidence à Yildiz-Kiosk, au-dessus du palais de Tchéragan, et il accomplit ses dévotions hebdomadaires à une mosquée voisine, Medjidié-Djami, qu'une distance de deux cents mètres au plus sépare du palais. Grâce aux cordons de troupes, il est impossible de l'approcher, et ce n'est que par le bienveillant intermédiaire des légations que les étrangers peuvent être placés à point.

L'ambassade de France nous a assuré l'entrée d'une dépendance extérieure du palais qui regarde la mosquée. Elle a même mis un de ses cawas à notre disposition. Pour la circonstance, nous avons retenu un landau de grande remise, dont le cocher porte un chapeau haut de forme, ce qui, dans le pays du fez, est le dernier mot de l'élégance. A onze heures, le cawas arrive. Un fameux type que ce personnage doré sur toutes les coutures, très vieux, très gros, très important, avec des yeux en boules de loto et de formidables moustaches en croc, tellement retroussées qu'elles frôlent son fez de leurs pointes effilées !

Le trajet de l'hôtel à Yildiz dure à peine une demi-heure. Des curieux, attroupés près de Dolma-Baghtché, assistent au défilé d'un régiment de cavalerie tcherkesse qui se rend aux abords du palais ; des fonctionnaires étincelants de broderies passent en voiture. Une large route, déjà encombrée de soldats, nous conduit à une maison d'assez modeste apparence : c'est là que nous serons admis. Le cawas nous présente à un officier, qui nous invite, avec une courtoisie parfaite, à prendre place au salon. D'autres étrangers ont été plus diligents que nous ; mais une fenêtre est encore vacante et nous nous y installons sans délai. Une table à pieds dorés de mauvais style, des chaises de canne et un poêle en faïence composent le mobilier de la pièce, qui ne rappelle nullement le faste oriental. La vue qu'on découvre est superbe : devant nous, la mosquée de Medjid, aveuglante de blancheur ; au fond, dans une brume ensoleillée, la pointe du Sérail et les îles des Princes.

Le temps ne nous manque pas pour contempler cette échappée, car l'attente est longue. La cérémonie devait avoir lieu, nous avait-on dit, vers midi ; mais l'heure s'écoule sans que nous voyions rien venir. Des pèlerins se tiennent dans la cour de la mosquée et guettent le passage du Commandeur des croyants ; des officiers remontent au galop vers le palais, des bataillons de la garde impériale se massent sur la route, aux sons de clairons discordants. Quelques minutes avant une heure, le chant nasillard du muezzin se fait entendre au *chérifé* du minaret. Et au moment où la dernière syllabe du verset traditionnel : *La Ilah il Allah vè Mohammed resoul Allah*, expire à nos oreilles, le cortège impérial débouche dans l'avenue.

Le sultan est au fond d'un landau conduit par un cocher richement galonné. La capote de la voiture est relevée, soit à cause du soleil qui est fort chaud, soit par mesure de précaution, et nous n'apercevons guère du Padischah que sa barbe et ses jambes. En face de lui est assis Osman-Pacha, le héros de Plewna, dont la belle tête militaire commande un respect sympathique. Derrière le landau viennent les quatre ou cinq voitures des sultanes. Celles-ci sont enveloppées de féredjés bleus, roses, de nuances ravissantes, et leurs yachmaks ne leur cachent pas tellement le visage que nous ne prenions un léger aperçu des beautés qui fleurissent au palais.

Contrairement à nos prévisions, le cortège n'entre pas à la Medjidié-Djami. Le sultan va, trois cents mètres plus loin, inaugurer le *tekké* des cheiks Chazli, ou, en un langage moins oriental, un couvent de derviches récemment achevé. Trois moutons, paraît-il, paient de leur vie cette solennité.

Cependant une partie des pèlerins groupés dans la cour pénètrent dans la mosquée, pour faire leurs dévotions ; d'autres restent à la porte et suivent la prière qui se chante à l'intérieur. A certains moments, tous les croyants, rangés sur une seule ligne, se prosternent avec ensemble et nous offrent de singuliers effets de raccourci. La prière à laquelle assiste le sultan finit à une heure et demie. Les troupes défilent, un régiment de zouaves nègres, un autre de Tcherkesses montés sur des chevaux uniformément gris, de la troupe de ligne, etc. Une demi-heure après, le cortège impérial reparaît. Cette fois pas de déception : le sultan est bien en vue. Il a changé d'équipage, et il conduit lui-même un duc attelé de deux magnifiques chevaux blancs. Nous le saluons, et il répond en portant la main à son front. Des officiers galopent derrière lui, et tout disparait bientôt au tournant de l'avenue.

Abdul-Hamid II a quarante-cinq ans. L'ovale de son visage est allongé. Des cheveux noirs et taillés de près encadrent un front large. Le regard est perçant, le nez long et légèrement dévié. La barbe noire, à laquelle se mêlent déjà bien des fils d'argent, dissimule en partie les proportions trop courtes du menton. Le costume n'offre pas la moindre particularité : un simple fez et une redingote boutonnée. Nous sommes loin du pompeux apparat des califes.

La physionomie, telle que j'ai pu la saisir au passage, dénote la fatigue et la mélancolie. Ce que j'ai entendu dire du souverain explique assez bien cette expression. Hanté par le souvenir de la fin tragique de son frère et d'un certain nombre de ses prédécesseurs, Abdul-Hamid vit dans un état perpétuel de crainte. Il se défie de tout et de tous. Il y a quelques jours, ayant appris une réunion d'escadres devant Barcelone, à l'occasion d'une exposition internationale, il a fait réveiller, à deux heures du matin, notre ambassadeur, pour savoir si ce n'était pas un armement dirigé contre la Turquie. N'est-ce pas de l'aberration ?

On assure que ce prince est intelligent et laborieux. Le progrès ne le trouve pas hostile. Dans quelques semaines, Constantinople sera reliée à Vienne et à l'Europe par une ligne de fer. Ce n'est pas seulement un événement considérable, c'est toute une révolution. Et cependant, malgré ces concessions aux idées modernes, le sultan n'a jamais voulu consentir à l'établissement d'une poste intérieure à Constantinople. Les correspondances avec les provinces et l'extérieur se font par les soins d'une poste internationale et surtout de postes étrangères, française, russe, autrichienne, etc ; mais il n'est pas possible d'expédier une lettre dans la ville elle-même. Quand on écrit à quelqu'un, on porte sa lettre ou on l'envoie par un commissionnaire. Ce n'est pas précisément commode ; mais le sultan s'imagine retirer ainsi aux conspirateurs une facilité dont ils useraient contre lui.

A l'issue du Sélamlik, nous ramenons notre étonnant cawas, et nous consacrons le reste de la journée à une promenade aux Eaux-Douces d'Europe. Ce nom seul échauffait déjà nos imaginations. La réalité ne devait pourtant pas répondre à notre attente. La route est d'abord ennuyeuse à souhait, plate, poudreuse, sans vue, sans arbres, quelque chose comme les environs de Pantin. Du haut du plateau, nous découvrons tout-à-coup une vallée profonde fermée par des mamelons ravinés ; un village se cache dans la verdure et une rivière décrit quelques méandres. Par une série de lacets assez raides, nous sommes bientôt en bas. Ce n'est pas beaucoup plus curieux : une prairie, des bouquets de frênes et de platanes entre lesquels serpente le Barbyzès, des collines chauves, pas d'horizon. Encore si nous rencontrions le monde bigarré qui s'y presse d'ordinaire le vendredi, les femmes turques en toilette, les pachas à cheval, les musiciens ambulants, etc. Mais nous sommes en Ramazan et pas une femme ne se risquerait ici. La vallée est à peu près déserte. Quelques Grecs des deux sexes mangent sur l'herbe; un musicien souffle sans conviction dans je ne sais quel trombone. Sous un groupe d'arbres, nous apercevons enfin une voiture : ce sont des étrangers logés, comme nous, à l'hôtel d'Angleterre. L'unique résultat de notre promenade aux Eaux-Douces a donc été de nous faire voir une famille anglaise qui dine, chaque soir, en face de nous. La mystification ne pouvait être plus complète.

19 mai.

Le soleil, qui, depuis Rome, a été notre compagnon fidèle, nous suit encore aux Iles des Princes. Des bateaux à voiles, des goëlands, des marsouins bondissants animent la surface toujours bleue de la mer de Marmara. En une demi-heure, nous sommes devant Proti, la première ile du groupe, inculte et sans arbres. Quelques maisons de bois s'élèvent sur ses pentes : ce sont uniquement des villas appartenant à de riches Arméniens.

Un canal sépare Proti d'Antigoni, dont le chef-lieu, riant et gracieux comme un village d'opéra-comique, est habité par des familles grecques.

Halki a plus d'importance. Un ancien monastère, transformé en école de théologie, domine ses légères constructions, et les grands bâtiments de l'école navale ottomane avoisinent le débarcadère.

Une heure et demie après avoir quitté le pont de Galata, nous touchons à Prinkipo. La petite ville est tout à fait charmante et notre langue n'y paraît pas inconnue, car la première maison qu'on trouve à gauche, en débarquant, a pour enseigne : « Au Bon Marché, Épicerie », et on lit un peu plus loin : « Maison à louer, s'adresser au jardinier à côté. » Ce qui nous donne également lieu de croire que nous ne sommes pas tombés dans une île tout à fait sauvage, c'est l'aspect de l'hôtel Giacomo, où nous allons déjeuner. Un établissement de premier ordre, comme disent les réclames. Sa terrasse sablée offre une bien jolie vue : à gauche, Halki et ses hauteurs boisées ; à droite, la côte d'Asie ; en face, estompée par la brume, Constantinople, c'est-à-dire une ligne de maisons blanches coupées par les gibbosités des coupoles.

Une voiture nous fait faire commodément le tour de l'île. Par une route qui serpente en vue de la mer, nous gravissons une côte plantée de pins. Au point culminant s'élève un couvent grec, et, à quelques mètres plus haut, un petit café dont l'enseigne porte : « Déjeuner à la fourchette, bière de Vienne. » De ce sommet, on embrasse tout le relief de cet archipel en miniature. Des rosacées s'épanouissent entre les rochers qui dessinent l'ossature de l'île et forment en quelque sorte les vertèbres de son épine dorsale. Le vent entrechoque les pins ; le bruissement de la vague qui expire mollement sur le rivage vient jusqu'à nous ; tout est bleu, le ciel, la mer, les côtes lointaines. On se sent envahi par le charme du site et l'on se dit qu'il ferait bon à vivre ici. Mais ce n'est là, sans doute, qu'une de ces impressions passagères qui traversent le cerveau surexcité des touristes, et il est fort probable qu'après une semaine de séjour à Prinkipo, nous demanderions à être reconduits lestement sur le continent.

Une autre route nous ramène, par le côté sud de l'île, entre des collines couvertes de myrtes et de térébinthes. Bientôt **nous rentrons à Prinkipo.** Sur toutes les pentes exposées au nord, des villas rivalisent d'élégance ; des terrasses coupent de larges paliers les hauteurs verdoyantes, et des jardins s'étagent, dans un capricieux désordre, au bord de la mer.

Nous reprenons, à quatre heures, le bateau qui arrive de la côte asiatique. Le vent de nord-est qui soufflait au départ est devenu très violent, la mer écume, mais sans la moindre méchanceté et comme pour nous donner une idée de la variété de ses aspects. A mesure qu'on approche de Constantinople, le panorama s'élargit ; Scutari se détache vigoureusement sur son rideau de cyprès ; la colline du Vieux-Sérail semble pivoter sur elle-même pour nous montrer complaisamment ses pavillons bizarres et ses bosquets pleins de mystères ; les mosquées viennent en quelque sorte se placer au point. Je reste au pont de Galata, et, mêlé au courant de la population, j'observe les passants avec une curiosité qui ne se lasse pas, jusqu'à l'heure où le déclin du soleil m'avertit qu'il est temps de regagner mon belvédère. Le ciel est si pur, l'air si diaphane, les derniers rayons si lumineux que je distingue nettement, de ma fenêtre, à vingt-quatre kilomètres de distance, l'hôtel Giacomo et sa haute terrasse.

20 mai.

L'excursion de Brousse exige des formalités administratives. Nous avons dû, pour l'entreprendre, nous munir de *teskérés* c'est-à-dire d'autorisations spéciales et personnelles, sans lesquelles l'ombrageuse police ottomane ne nous laisserait pas débarquer sur le continent asiatique. Ce papier coûte quatre francs et des centimes; mais il est décoré du *thougra* impérial, orné de cachets bizarres, agrémenté d'un timbre mobile, et il contient notre signalement en turc. On en a vraiment pour son argent.

A huit heures, nous nous embarquons

sur un vapeur qui fait le service de Moudania. Les passagers sont nombreux et nous retrouvons parmi eux plusieurs voyageurs déjà rencontrés en Grèce. Un caïque à trois rameurs vêtus de blanc accoste le bateau : c'est celui de la légation de Perse. Le ministre monte à bord. S. Exc. Mirza-Mohsin-Khan est un gros homme grisonnant, en complet jaune, paletot gris-mastic et bonnet d'astrakan. De jeunes diplomates lui font la conduite. A l'heure des adieux, ils veulent lui baiser la main, selon l'usage oriental; mais ce n'est pas l'idée du ministre, et, d'un geste, il leur fait comprendre que ces salamalecs lui paraissent déplacés devant des Européens.

Le départ était annoncé pour neuf heures; mais, étant données les habitudes du pays, nous admirons l'exactitude du capitaine, quand il fait démarrer à neuf heures et demie. Le mouvement du port est d'ailleurs amusant. Des barques chargées de citrons, d'oranges, de légumes verts, des caïques à coussins rouges et à tapis bariolés se livrent à mille évolutions. C'est une incroyable débauche de couleur, à laquelle le flot s'associe en fusionnant les reflets dans son miroir tremblant.

Le vent d'hier est tombé. La mer n'est pas seulement calme, elle est huileuse. Le bateau range les iles des Princes, passe devant l'ilot où Mahmoud II voulut déporter, un jour, plusieurs milliers de chiens, et pousse au large. Le hasard m'a placé à côté du ministre de Perse. Ce diplomate parle français avec une remarquable aisance et sans le moindre accent. Il m'entretient d'un chemin de fer qui doit relier Téhéran à l'Europe.

— « Ce sera commode pour vous » lui dis-je.

— « Non vraiment, me répond-il, « ce sera dommage, au contraire. Vous ne vous figurez pas ce que la route qu'on parcourt aujourd'hui à cheval, en douze ou quatorze jours, pour gagner Tiflis ou Batoum, offre de beautés pittoresques. Hautes montagnes, forêts immenses, grands horizons, rien n'y manque. Avec le chemin de fer, on sera sevré de ces jouissances et le voyage perdra tout son intérêt. »

Cette manière de voir est assez orientale ; mais je ne m'attendais pas à l'entendre formuler par un diplomate, qui doit savoir le prix du temps.

La cuisine du bord a mauvaise renommée, et tous les touristes ont emporté des provisions. Nous sommes seuls à banqueter avec le capitaine. Si le menu manque de variété, le riz au lait succédant immédiatement, comme entremets sucré, au riz au gras, le veau rôti et la salade classique sont tolérables. Des Allemands croient faire meilleure chère sur le pont, et, cependant, ce n'est pas sans nausées que nous les voyons se bourrer d'œufs durs au dessert. Quand nous remontons, le golfe d'Ismidt n'est plus en vue. Le bateau double le cap Bouz et longe la côte d'Asie, très cultivée, toute verte d'oliviers et de vignes que la mer baigne pour ainsi dire. Déjà Moudania se dessine au centre d'un golfe dont les belles lignes, accusées par de hautes montagnes, se développent avec ampleur jusqu'à la presqu'île de Cyzique.

Nous débarquons à deux heures et demie. Moïse nous a retenu par télégramme une voiture. Après les formalités de la douane, qu'un bakchich simplifie, nous montons en landau. Trois heures de trajet, c'est-à-dire trois heures de poussière asphyxiante, de chaleur torride et de cahots à tout briser. Il existe pourtant un chemin de fer entre Moudania et Brousse, un vrai chemin de fer avec des rails, des ponts, des wagons, des locomotives. Seulement il ne marche pas, l'herbe pousse sur la voie, les ponts sont tombés, les locomotives se rouillent au fond d'un hangar et les wagons pourrissent n'importe où. C'est toute une histoire, et peu de faits mettent mieux en lumière l'insouciance et la vénalité qui sont les plaies dévorantes de l'administration ottomane.

La ligne faite en régie devait aller de Moudania à Brousse et se poursuivre plus tard à travers l'Asie Mineure. Au début des travaux commencés vers 1870, les hauts personnages qui présidaient à l'entreprise se sont préoccupés de s'assurer d'abord de respectables pots-de-vin. La commission à percevoir était faible sur les terrassements, notablement plus forte sur le matériel. Aussi a-t-on acheté des voitures et des machines en nombre considérable et avec une telle précipitation qu'on n'a même pas vérifié si elles avaient la voie. Pour cette ligne à voie étroite, la moitié des véhicules se sont trouvés à voie normale. Quand les fonds disponibles ont été engloutis dans ces acquisitions, quand les pots-de-vin ont été perçus, les commissions encaissées jusqu'au dernier para, l'entreprise a été arrêtée. Douze millions étaient mangés, et bien des années se sont écoulées depuis lors, sans que le gouvernement ait songé qu'avec quelques travaux de réfection la ligne pourrait être livrée à la circulation jusqu'à Brousse. Et voilà comment, un chemin de fer existant, nous avons fait en voiture les vingt-huit kilomètres qui séparent Brousse de Moudania.

Nous formons une véritable caravane. Dix voitures, au moins, suivent la nôtre, qui a pris l'avance et qui soulève derrière elle une jolie poussière, dont S. Exc. Mirza-Mohsin-Khan gobe sa part. La route s'élève en lacets sur le flanc d'une montagne couverte d'oliviers. Le soleil est dévorant et, au midi, un nuage épais semble annoncer un orage. Du haut du col, un immense panorama se découvre tout-à-coup. Au fond se dresse le massif de l'Olympe, dont les nuées cachent en partie les sommets neigeux. La ville de Brousse s'étage sur ses premières pentes; mais nous en sommes séparés par une large vallée, pommelée d'arbres, zébrée de cultures, ourlée par le liseré d'argent que trace le cours de l'Odrysès.

A moitié chemin, les voitures font une halte sous un groupe de chênes. Les voyageurs descendent et un cafedji offre ses services. On s'installe à de petites tables, et, pendant que les chevaux soufflent, on prend le café à l'ombre. Rien de plus pittoresque que ce campement en plein air avec le mont Olympe pour toile de fond. Un quart d'heure après, nous remontons en landau ; mais notre cocher s'est laissé prévenir, et c'est nous, cette fois, qui avalons la poussière de l'envoyé du Shah.

Un poste de gendarmes se montre plus loin : c'est une baraque dont la porte ouverte laisse apercevoir un va-nu-pieds qui dort. Un spectacle plus curieux nous frappe de stupeur : des cantonniers chargent la route de pierre cassée ! Jamais nous n'aurions cru que la sollicitude administrative s'étendit jusqu'à ces infimes détails. Cependant, la végétation se développe, la plaine se couvre de mûriers et d'oliviers, les coupoles de Brousse commencent à se montrer nettement. Des landaus, des cavaliers, des arabas traînant des familles turques annoncent l'approche de la ville. Nous passons devant un café dont les consommateurs paraissent attendre avec intérêt la caravane européenne de Moudania, et une rue plantée d'arbres nous conduit rapidement à l'hôtel d'Anatolie.

La maison, simple et propre, s'élève au milieu d'un jardin plein de roses qu'anime l'éternel babil d'un jet d'eau. L'intervention de Moïse nous est inutile en cette circonstance comme en beaucoup d'autres. Notre hôtesse est de Marseille. Veuve d'un industriel qui avait une filature à Brousse, elle a transformé les ateliers en hôtel. Il y a bien une concurrence, l'hôtel Bellevue, qui est de bonne apparence ; mais Mme Brotte, nous fait observer le drogman, loge le « corps diplomatique », c'est-à-dire le vice consul de France, qui, arrivé depuis six semaines, n'a pas encore trouvé d'installation.

Comme il est trop tard pour commencer à visiter la ville, Moïse nous mène voir, au dehors, un bain turc. Brousse est riche en eaux minérales, chaudes et sulfureuses, fournies par les contre-forts inférieurs de l'Olympe.

Le plus bel établissement est celui de Eski-Kapludja, qui date du règne de Soliman II. C'est la disposition ordinaire des bains turcs, une succession de salles revêtues de marbre et éclairées par des coupoles percées d'étoiles, de grands bassins, des étuves dont nous bravons quelques instants la température congestionnante. Plus loin, un bain est réservé aux femmes. Des arabas aux panneaux historiés de fleurs stationnent dans le voisinage. Les baigneuses prennent le frais sur l'herbe. Ce sont toutes des Grecques, et leurs toilettes manquent absolument de caractère.

Au dîner, nous lions connaissance avec le vice-consul de France, M. Taillet, qui vient d'Égypte. Il nous propose obligeamment de nous faire conduire à la mosquée principale pour assister à la prière du soir. Inutile d'ajouter que l'offre est accueillie avec enthousiasme. Vers neuf heures, précédés d'un cawas, nous partons avec Mme Taillet et deux ou trois autres personnes. Le pavé est exécrable, et, comme il n'y a pas d'autre éclairage que la lune, nous cheminons avec précaution pour éviter les entorses. Vingt minutes de trajet et nous sommes dans l'enceinte de la mosquée. Un marché de comestibles, destiné à faciliter la rupture du jeûne, se tient aux alentours. Les boutiques sont illuminées, la population se presse autour des étalages, dévorant du regard les fruits, les légumes les crèmes au cumin et autres sucreries. Les vendeurs crient bruyamment leur marchandise; mais ce tapage ne paraît pas troubler la récitation de la prière à l'intérieur de la mosquée, dont les larges portes sont ouvertes. Nous n'avons qu'à entrer. Seulement il y a une formalité préliminaire à remplir. Il faut nous déchausser, et personne n'est là pour simplifier l'opération. Comme les vieilles savates de Sainte-Sophie ou de la Solimanièh seraient les bienvenues! Enfin nous nous exécutons; mais, n'ayant qu'une confiance limitée dans la délicatesse des bons musulmans, nous gardons nos bottines à la main, les dissimulant tant bien que mal sous nos pardessus, puis, dirigés par le cawas, nous nous rangeons discrètement dans un angle voisin de l'entrée.

La mosquée, très vaste et très belle, est éclairée par des lustres d'une conception élémentaire, de simples cercles en fer auxquels sont accrochées des veilleuses. Au milieu jaillit une fontaine dont le frais murmure accompagne celui de la prière. Les fidèles, soigneusement alignés sur plusieurs rangs, nous offrent une amusante variété de costumes ; le fez alterne avec le turban, et la redingote fait parfois une tache noire au milieu des cafetans. Un iman chante du nez la prière, la cinquième et dernière de la journée, et, avec un ensemble surprenant, les assistants étendent les bras, les croisent sur leurs poitrines, s'inclinent, se relèvent, se prosternent encore. On ne comprend pas comment ils arrivent à cette simultanéité de mouvements, qu'envierait un régiment bien commandé. A certains moments, quand tous tombent la face contre terre, c'est un bruit sourd et instantané, comme lorsqu'une compagnie de soldats frappe le sol de la crosse du fusil. Quand nous avons joui suffisamment du spectacle de ces pieux exercices, qui exigent une réelle souplesse d'articulations, nous nous rechaussons, et nous gagnons, non loin de là, un café en plein air. Quatre musiciens jouent et chantent des airs mélancoliques ; des pièces d'artifice éclatent ; mais les consommateurs sont encore bien clair-semés. La fête n'aura tout son éclat qu'au milieu de la nuit.

Au retour, en passant, vers onze heures, devant le konak du vali, Mme Taillet voulait nous présenter à cet éminent fonctionnaire ; mais il nous a paru que l'heure était un peu tardive. Le vali doit être d'ailleurs assez occupé par les querelles de son harem. Il a deux femmes, l'une âgée, laide et riche, l'autre jeune, belle et pauvre. Des jalousies terribles divisent ces deux créatures, et, pour satisfaire leurs caprices dispendieux, le vali se voit contraint, bien à regret, sans doute, de pressurer fortement ses administrés. Déjà il ne paie plus nulle part. Etant à fin de bail, il cherche une maison, et aucun propriétaire jusqu'à présent ne semble goûter beaucoup l'honneur qu'il y aurait à le loger. Partout les mêmes, les propriétaires !

21 mai.

Avant six heures, je quitte la planche sur laquelle j'ai reposé, et, passant derrière l'hôtel, je remonte un des ravins qui s'ouvrent, comme des fentes gigantesques, dans les contre-forts de l'Olympe. Des maisons de bois, groupées au hasard, serrées, entassées, comme superposées, s'agrippent aux rochers festonnés de lierre. Des cyprès et des noyers apparaissent de tous côtés, les uns noirs, élancés, solennels, les autres arrondis en dômes et projetant avec une tranquille majesté leur brillante verdure. L'eau suinte, coule, bondit, gazouille partout. Des aqueducs rustiques la recueillent et la conduisent dans les différents quartiers. Je traverse un cimetière, et, gravissant la hauteur jusqu'à mi-côte, je découvre toute la plaine de la Bithynie, riante comme la Vega de Grenade, et, comme elle, encadrée de belles montagnes. L'endroit est désert. Pas d'autre bruit que le chant des oiseaux. Les musulmans dorment encore, et je jouis en paix de la fraîcheur matinale.

Notre première visite est pour Yéchili-Djami, la mosquée verte. L'édifice, qui date de 1420, est tout en marbre et forme un carré avec abside rectangulaire. Au-dessus de la porte, à l'intérieur, se trouve la loge du sultan. Deux loges latérales sont revêtues de magnifiques carreaux émaillés d'or, dont la couleur dominante est le vert. Des frises portent des inscriptions tracées en ces beaux caractères arabes qui sont le triomphe de la calligraphie. Les faïences qui les composent sont cloisonnées et constituent, par leur rareté aussi bien que par leur richesse, une des plus remarquables curiosités de l'art oriental. L'ornementation polychrome du mihrab n'est pas d'une moindre élégance ; les carreaux sont bordés de marbres délicatement sculptés et peints dans le même ton. De beaux tapis couvrent les dalles et une fontaine grésille au centre de la mosquée.

En face s'élève le turbé du sultan Mohammed I, le neuvième empereur, celui qui transporta de Brousse à Andrinoples le siège du gouvernement. La tombe, le mihrab, les murs sont couverts encore de faïences cloisonnées. Des vitraux, douze rosaces compliquées et diverses inscriptions complètent la décoration de la salle. Et à côté de ces merveilleux spécimens de la céramique persane, six fenêtres sont garnies de rideaux en drap brun avec une mauvaise galerie dorée, comme on en trouve chez le premier petit bourgeois venu. Déjà, à Constantinople j'avais remarqué ce fâcheux contraste entre les œuvres d'art que renferment les turbés et la tenture horriblement vulgaire des fenêtres.

L'Oulou-Djami, que nous avons vue hier soir, est d'une imposante architecture. L'œil se perd dans la multiplicité des nefs qui divisent ce vaste carré. Vingt coupoles décrivent leurs orbes au-dessus des pendentifs, et le jour, tombant de la grande coupole, se réfléchit dans le bassin de la fontaine. Des fidèles sont en méditation, des prêtres chantent la prière. Des gamins accroupis lisent le Coran; mais notre visite les distrait beaucoup de leur sainte occupation. La chaire en bois sculpté vient de Perse : elle a été envoyée en douze mille pièces ajustées après coup. Un splendide tapis à fond rouge, dont la bordure est brodée de fines arabesques d'or, a été rapporté du dernier pèlerinage de la Mecque. Cette fois, l'iman nous a donné des pantoufles : mais nous les perdons à chaque pas. Heureusement, les prêtres veillent, et leurs signes nous évitent une promenade sacrilège en bottines.

La citadelle offre une belle vue d'ensemble sur Brousse. Elle renferme dans son enccinte deux turbés très vénérés dans le monde de l'Islam, celui d'Osman qui fonda l'empire ottoman et prit Brousse, dont il fit sa capitale, et celui d'Orkhan, son successeur, le créateur des Yéni-Tchéri ou Janissaires.

De nombreux édifices de ce genre entourent la mosquée de Mourad Ier, le turbé de ce sultan, d'abord, dont la coupole ouverte laisse tomber, conformément à la volonté du défunt, l'eau du ciel sur le monument de marbre. D'une armoire, l'iman tire deux énormes turbans couverts d'or fin, qui ont appartenu à Mourad et qui pèsent au moins quatre kilos. Une boîte fort simple en contient, paraît-il, une autre très riche, qui renferme elle-même une relique inestimable, la barbe de Mahomet; mais nous avons dû nous contenter de l'affirmation de l'iman.

Le turbé du prince Mustapha est revêtu de faïences jusqu'à une hauteur de deux mètres cinquante. Une grecque à la base, puis un panneau, puis une autre grecque, une frise avec inscription, une bordure enfin, telle est la disposition de cette admirable décoration. Les fleurs des panneaux ont une grâce et une richesse de tons extraordinaires. Les couleurs employées sont le bleu, le rouge, le vert et le blanc. Jamais nos céramistes, si justement épris aujourd'hui des productions de l'Orient, ne trouveront de plus parfaits modèles. Quelques carreaux manquent çà et là, et il est fort probable que les prêtres les ont vendus à des voyageurs peu scrupuleux.

D'autres turbés sont disséminés dans le jardin. Celui d'Ahmed, avec ses quatre tombeaux tendus de drap vert, nous intéresse faiblement ; mais le gardien avait un désir si manifeste de gagner ses dix piastres que M. Ber..., toujours bienveillant, a craint de faire de la peine à ce bon vieillard en négligeant son petit turbé.

La mosquée de Mourad a deux coupoles, un revêtement de carreaux hexagones alternativement noirs et bleus, une chaire ouvragée, un plan de la Mecque peint sur faïence, etc. Un platane colossal ombrage l'entrée. A un mètre cinquante de hauteur, cet arbre mesure neuf mètres de circonférence, et le développement de ses branches, allongées et contournées comme de gigantesques tentacules, est presque effrayant.

Il y aurait encore cent quatre-vingt-douze mosquées à voir ; mais nous nous tenons pour satisfaits. L'après-midi, nous visitons le bazar qui ne nous offre rien de bien nouveau, de longues allées couvertes, de petites boutiques, des cotonnades, des soies brodées, des chaussures, etc.

Moïse nous donne ensuite une médiocre idée de son intelligence. Je demandais instamment, depuis hier, qu'il nous conduisît à quelque point élevé d'où nous découvririons, dans toute son étendue et sous son plus favorable aspect, le panorama de Brousse. En sortant du bazar, la voiture s'engage dans un dédale de rues très laides, très désertes, et dont chaque pavé nous brise une côte. A l'angle d'une de ces rues, nous trouvons, par un hasard incroyable, des ouvriers qui semblent occupés à un travail de voirie. Les pavés sont enlevés et une excavation barre le chemin. Notre cocher veut retourner sa voiture, mais la place manque. Il faut dételer les chevaux et pousser le landau. Et quand après avoir roulé quelque temps encore, nous débouchons sur une petite place plantée d'arbres, où passe un ruisseau, Moïse nous avoue que c'est là le but de cette ennuyeuse promenade.

— « Mais il n'y a rien à voir », lui objectons-nous en chœur.

— « C'est possible, Excellences » nous répond-il ; « mais l'endroit est indiqué dans les guides, et mon devoir était de vous le montrer. »

Tout en pestant contre sa conscience professionnelle, nous nous dirigeons vers Tchékirgué. Avant d'entrer dans le village, Moïse nous fait visiter un bain. C'est exactement en moins grand ce que nous avons vu hier. En sortant, une discussion très violente s'engage entre notre drogman et le patron de l'établissement. Celui-ci jette avec dédain le demi-medjidié qui lui a été offert et réclame six francs. Comme Moïse résiste à cette prétention, qui aurait pour résultat singulier de nous faire payer plus cher la vue du bain que si nous nous étions baignés réellement avec les douches, massages et frictions d'usage, le digne industriel entre dans une colère bleue; mais ses injures ottomanes nous touchent peu, et, sans en prendre d'autre souci, nous montons à la mosquée de Ghazy-Hounkiar. De la terrasse qui la précède et que couvrent d'immenses platanes, la vue s'étend sans obstacle sur la plaine et les montagnes où serpente la route de Moudania.

Quand nous avons visité la mosquée et le turbé de Mourad Ier, fils d'Orkhan, Moïse nous déclare que nous avons tout vu et que sa mission est terminée. Tant mieux! Car, sans prétendre escalader l'Olympe, j'ai hâte d'en gravir les premières pentes. Au sortir de la ville, que je remonte tout entière, un chemin en lacets me conduit jusqu'au sommet d'un mamelon qui constitue un belvédère et où les guides, parait-il, ne manquent guère de mener les voyageurs. Une gorge grandiose s'ouvre à mes pieds ; un torrent mugit au fond ; des conduites d'eau sillonnent les parois des rochers et un pont audacieux jette d'un bord à l'autre son arche ogivale. Mais je ne suis pas seul. L'inévitable ménage anglais qui est l'accessoire obligé de tous les points de vue célèbres est déjà installé là et se répand en exclamations rauques. Ce n'est pas à tort, car la perspective est d'une rare magnificence. Voilà bien ce que je rêvais, ce que je réclamais vainement à notre israélite.

De cette hauteur, Brousse, assise sur la base de l'Olympe comme sur un vaste siège, semble décrire un arc de cercle. Les cyprès pyramident de toutes parts et chaque maison sort d'un îlot de verdure. L'Oulou-Djami, toute blan-

che, arrondit ses nombreuses coupoles.
Partout les minarets dominent de leur
couronnement aigu l'agglomération
confuse des toits couverts de tuiles.
J'en compte quarante ; mais il y en a
bien davantage. Deux de ces légers édicules, à droite, sont comme les bornes
finales de la ville ; à gauche, c'est le
joli village de Tchékirgué qui arrête la
vue. Et la plaine s'allonge, verte, gracieuse, coupée de bosquets, égayée par
les circuits du fleuve, jusqu'à la barrière de montagnes qui ferme l'horizon.

La majesté des lignes, la puissance
de la végétation et le caractère pittoresque des constructions combinent
harmonieusement leurs effets. Les derniers rayons du soleil illuminent les
minarets et accentuent leur élan vertical, en les détachant vivement du fond
déjà vaporeux de la campagne. Des
cloches sonnent à quelque église grecque et mêlent leurs vibrations à l'incessante voix du torrent. Ravi, fasciné,
je contemple longtemps ce panorama

où s'épanouissent toutes les splendeurs de l'Orient, et, quand le crépuscule me décide enfin à m'éloigner, je l'ai fixé pour jamais dans mon souvenir.

Nous dinons à sept heures et demie. Le menu comprend des « truites sautées du Mont-Olympe. » En face de nous, à une table particulière, une famille allemande, établie à Constantinople, mange avec la voracité propre à sa race. Ces huit personnes font du bruit comme quarante. A notre table, le haut bout est occupé par le vice-consul et sa femme, une levantine d'une remarquable distinction d'esprit. Un Corse, employé de la poste à Constantinople, un juif du Caucase, venu pour prendre les eaux, le directeur de la succursale de la Banque ottomane à Brousse, une jeune Grecque de Salonique et une Anglaise légèrement timbrée, qui dévore joyeusement deux successions en lointains voyages, complètent le personnel des convives. L'Anglaise prétend qu'elle prendra le bateau du Lloyd samedi prochain et menace de visiter Budapest avec moi. Que le ciel m'épargne cette épreuve.

22 mai.

Nous quittons l'hôtel d'Anatolie, à cinq heures et demie, pour retourner à Moudania. Le temps est brumeux et l'Olympe s'enveloppe de nuages. La route s'accomplit sans incident. Le café traditionnel nous attend à Yeschid, sous les chênes. Un peu plus loin, nous sommes rejoints par le courrier de Bagdad, le « tartare », comme on dit ici. Ce personnage est un gaillard d'une forte carrure, vêtu à l'orientale et coiffé d'un casque autour duquel s'enroule un foulard rayé. Il se prélasse dans un landau, que suivent deux voitures chargées de dépêches et escortées par deux gendarmes. Mais ce n'est pas dans cette confortable attitude qu'il fait son trajet de quatre cents lieues. Les voitures ne sont d'usage qu'entre Moudania et Brousse. A partir de cette dernière ville, le courrier est à cheval et galope jour et nuit, avec changement de monture au bout de soixante kilomètres. Il est suivi de dix à douze chevaux, portant chacun cinquante kilos de dépêches ou d'argent. Dix gendarmes l'escortent, quelquefois plus, quelquefois moins, selon le degré de sécurité du pays, ce dont les gouverneurs sont seuls juges. Le métier paraît singulièrement fatigant, et cependant l'homme est gras et râblé comme un hercule de fête foraine.

Avant neuf heures, nous sommes à Moudania, et, à dix heures, le bateau quitte l'appontement. La mer est aussi calme qu'avant-hier; mais elle n'est plus bleue. Le soleil est voilé, et la surface de l'eau, réverbérant, comme une glace, un ciel gris perle, se confond avec lui. Nous ne serions pas fâchés de déjeuner; mais le capitaine nous fait prier de l'attendre. Il désire devancer un vapeur parti une demi-heure avant nous, et il ne quitte sa plate-forme que lorsque nous avons doublé le cap Bouz. Le vapeur en concurrence est déjà loin, et nous gagnerons la course de bien des longueurs.

En entrant dans le Bosphore, nous rasons Scutari, doublant à grande distance la pointe du Sérail. Le courant est ici très rapide et très dangereux. Le *Donaï*, des Messageries maritimes, en a fait dernièrement l'expérience. On raconte que le capitaine voulut, contre l'avis du pilote, passer trop près de la pointe. Entraîné par le courant, le paquebot se précipita sur un autre bateau, ses flancs s'entr'ouvrirent, et il coula en vingt minutes. Moïse, qui l'a vu après l'accident, nous rapporte que la cheminée seule émergeait. Le navire est aujourd'hui renfloué, et, en passant, nous avons pu constater les traces de la large blessure qui lui avait été faite.

Le débarquement est tumultueux. Jamais nous n'avons vu pareille invasion de corsaires. C'est un bruit infernal, un désordre inexprimable, auquel nous assistons en amateurs. Le ciel reste nébuleux. La lumière, si vibrante ces jours derniers, s'est assourdie, et les mosquées, tournant au gris, ne détachent plus leurs coupoles avec l'éclat singulier que j'ai noté comme le trait caractéristique du tableau.

Est-ce l'influence de ce changement d'éclairage? Les rues de Stamboul, du pont de Galata au grand Bazar, me paraissent terriblement sales. Le soleil est un élément essentiel du charme que l'Orient exerce. Quand il se cache, le charme tombe. Mais cet astre nous a si bien secondés jusqu'à présent que je ne lui en veux pas de cette éclipse passagère.

23 mai.

Notre retour s'effectuera par la mer Noire. Nous avions pourtant d'autres visées. Grâce à ses relations avec les ingénieurs de la compagnie Vitali, M. Ber... espérait que nous étrennerions la nouvelle ligne de fer qui va mettre bientôt Constantinople en communication directe avec Vienne par Philippopoli, Sofia et Belgrade. Mais quelques difficultés surgissent. La seule locomotive qu'on peut mettre à notre disposition se trouve avariée. Quand elle est réparée, on continue à nous promettre le passage, mais on ne peut nous en garantir la durée. Bref, pour éviter tout ennui, nous renonçons à inaugurer la voie nouvelle et nous retenons nos places à l'Orient-Express, dont le départ à Giurgewo coincide avec le bateau du Lloyd qui partira le 26. Nous ne traverserons pas les Balkans, mais nous reverrons le Bosphore et nous ferons connaissance avec la mer Noire.

Moïse nous promène dans les bazars. Je ne reviendrai pas sur le grand Bazar, que nous avons déjà visité. Je glisse également sur le Bazar des Drogues, une longue halle où sont exposés les bois de santal, les couleurs en poudre, les herbes aromatiques, etc. Le bazar qui nous a le plus récréés est celui des nattes. La physionomie en est bien franchement turque. Plus de Grecs agités qui vous appellent, plus de courtiers insinuants qui s'attachent à vos pas. Les marchands sont de bons musulmans enturbannés. Chacun sommeille sur son divan, sans s'inquiéter du client. Les plus éveillés fument leur narghilé en caressant de la main leur pied nu. A quoi bon se remuer d'ailleurs? S'il est écrit de toute éternité qu'un acheteur se présentera, l'événement se produira tout seul. Le marchand dort, mais Allah veille.

Le concours du drogman ne nous est pas inutile pour découvrir la mosquée de Rustem-Pacha, qui est perdue dans un labyrinthe de vilaines rues. Elle est fréquentée par les plus purs d'entre les croyants. Aussi la visite-t-on assez peu par crainte d'avanies. Le revêtement extérieur en carreaux de faïence est fort remarquable; mais celui de l'intérieur nous rappelle la mosquée Verte de Brousse. Les carreaux couvrent les parois jusqu'à une hauteur de sept à huit mètres. C'est toujours le même motif de décoration emprunté à l'art persan, de grosses fleurs blanches à cœur rouge ou bleu et des feuilles vert d'eau. Derrière la chaire, dans le mihrab, les panneaux fond bleu sont d'une richesse de couleur inexprimable. Nous nous trouvons à l'heure de la prière. Un prêtre de la Mecque lit le Coran de cette voix du nez qui fait évidemment partie du rituel, et s'incline trente fois par minute avec une régularité mécanique. Des pèlerins nous dévisagent d'un regard peu sympathique. Je me rappellerai longtemps la silencieuse indignation d'un vieil Indou en robe blanche et à longs cheveux. Ses yeux étincelants ne nous quittaient pas. S'ils avaient été chargés à balle, notre sort était certain. Au sortir de la mosquée, la querelle ordinaire s'engage entre l'iman et le drogman. Moïse offre cinq francs. L'iman en veut six et nous accompagne jusque sous le péristyle, en appelant sur nous la colère d'Allah. Mais Moïse tient bon. Vingt ans d'exercice l'ont cuirassé contre ces discussions.

Ce pauvre Moïse! J'ai failli le tuer un quart d'heure après. Mes compagnons regagnent Péra, me laissant l'israélite, et je manifeste à ce dernier l'intention de voir de près l'aqueduc de Valens. — « En voiture ? » suggère-t-il. Ah ! non, par exemple, une promenade de vingt minutes ne m'effraie pas, et je vois mieux à pied. Moïse s'y résigne de fort mauvaise humeur, et le voilà suant, soufflant, maugréant, déclarant même qu'après une course pareille il lui faudra une journée de repos pour se remettre. Ces Orientaux sont plaisants. Nous arrivons tout de même à l'aqueduc, qui réunit deux des sept collines de Stamboul. Au début, il se montre à peine entre les maisons, mais, plus loin, à mesure que le vallon se creuse, il élève majestueusement ses deux rangs d'arcades vêtues de lierre. Le quartier est tout à fait turc. Pas de commerce, pas de passants, rien que des maisons de bois, grises, maussades, treillissées ; çà et là des femmes drapées comme des spectres, ou des enfants jouant sur le seuil des portes. La rue Oun-Kapani nous ramène au Vieux-

Pont. Au-dessus d'un enchevêtrement inextricable de mâts et de cordages s'arrondissent les coupoles de l'orgueilleuse Solimanièh et de l'immense Mohammedièh. Je congédie Moïse, que la course a mis à deux doigts de la mort, et, après avoir admiré la charmante fontaine d'Azab-Kapou, toute couverte de fleurs sculptées et d'arabesques dorées, je gagne l'autre pont, dont le mouvement me semble toujours nouveau.

Nous dînons avec un compatriote qui remplit de hautes fonctions dans un des ministères turcs. Ce qu'il nous révèle, comme ce que nous avons entendu dire ailleurs, fait présager la disparition à brève échéance de l'empire ottoman. C'est l'affaire de quinze ans, selon notre interlocuteur, de cinquante ans, selon d'autres plus optimistes; mais c'est fatal. Tout est vermoulu, tout s'effondre dans le vieil édifice construit par les sultans. Les Turcs n'ont jamais été que des conquérants vivant sur l'ennemi. A aucune époque, ils n'ont été des producteurs, et aujourd'hui que l'ère des conquêtes est close, que l'ère des défaites est même depuis longtemps commencée, qu'il n'y a plus de populations à piller, plus de chrétiens à rançonner, ils meurent d'inanition. Ce sont d'intrépides soldats ; au dire de ceux qui la connaissent, leur armée est admirable de courage, de ténacité, de dévouement au sultan ; mais ces qualités militaires ne les nourrissent pas.

D'autres races, à défaut de commerce et d'industrie, tireraient parti du sol, qui est d'une prodigieuse richesse. Notre convive, qui vient d'accomplir une mission à Bagdad, nous affirme que, dans cette province, le froment rend cent quatre-vingt pour un. Mais il n'y a pas d'agriculture. La fiscalité y met obstacle. Aussitôt que le cultivateur récolte au delà des besoins de sa consommation, les agents du trésor, sous prétexte de prélever la dîme, lui enlèvent le surplus. Il se borne donc à cultiver le strict nécessaire, ne poussant pas le patriotisme jusqu'à vouloir gratifier le fisc du produit de son travail.

Les caisses publiques sont toujours vides. Quelquefois on bâtit, surtout des casernes; jamais on ne répare. Les institutions politiques ne sont qu'un trompe-l'œil. Il y a, en principe, une chambre des députés; seulement elle est dissoute depuis dix ans. Il y a un sénat; seulement il ne se rassemble jamais; son existence légale n'est qu'un subterfuge pour assurer à des amis du prince un traitement, qu'ils ne touchent pas, du reste. Il y a une cour des comptes; seulement elle ne se réunit pas plus que le sénat et n'a jamais revisé un compte par l'excellente raison qu'il n'y en a pas.

Un budget, un contrôle sont choses inconnues. Le sultan est toujours omnipotent, comme au temps de Mahomet II. Sa volonté est encore aujourd'hui l'unique raison de décider; mais cette volonté ne suffit pas pour remplir les coffres du Trésor. Toutes les ressources de l'empire sont épuisées. Le crédit du gouvernement est tellement bas qu'il en est réduit, en ce moment, à emprunter à de petits banquiers, par sommes de deux cent mille francs, pour avoir quelque argent avant les fêtes du Baïram et se trouver en mesure de payer un mois de solde à l'armée. Quand il aura vendu aux Anglais le tribut de l'Egypte, ce sera fini : la Turquie aura brûlé sa dernière cartouche.

Un régime pareil a pour conséquence inévitable la vénalité des fonctionnaires. Ceux-ci s'estiment heureux quand ils touchent deux mois de traitement par an. Comment réussissent-ils à vivre ? Par le crédit que leur font encore des fournisseurs à qui ils remettent de temps à autre des à-compte, et surtout par la concussion. Justice, travaux publics, commandes, faveurs, tout se vend. Quand le gouvernement fait quelque chose, il ne faut pas demander pourquoi il le fait, mais simplement quel est le tant pour cent de l'agent préposé à la chose. Actuellement, par exemple, le ministre de la guerre commande des quantités de canons, mais pas de munitions. L'explication de cette anomalie est fort simple. Le séraskier a trente pour cent de remise sur les armes, tandis qu'il a seulement cinq pour cent sur les munitions. Comment hésiterait-il? C'est l'histoire du chemin de fer de Brousse, où l'on a commandé des wagons avant d'avoir fait la voie.

Au milieu de cette désorganisation générale, le sultan divise son entourage et s'efforce de tenir les uns par les autres. La dénonciation fleurit comme le pot-de-vin. Dans le monde officiel, tout est épié, surveillé, rapporté. Il n'y a pas jusqu'aux muets du sérail qui ne parlent. Et qu'on ne croie pas à une hyperbole. Plusieurs de ces muets étaient de service auprès du tribunal arbitral chargé de résoudre les difficultés qui se sont élevées entre la Porte et le baron de Hirsch. Leurs fonctions consistaient à porter les pièces, à faire les commissions intérieures. Les arbitres ont dû exiger qu'ils cessassent d'assister aux délibérations. Ces muets, très malins, comprenaient ce qui se disait au mouvement des lèvres et le faisaient ensuite comprendre à d'autres que leurs indiscrétions pouvaient intéresser.

Qu'espérer d'un pays qui n'a plus ni finances, ni administration, ni moralité? Il n'y a d'incertain que la durée de l'agonie. Pourvu que ces bons Turcs ne brûlent pas Constantinople, avant de repasser le détroit!

24 mai.

Un orage m'a réveillé dans la nuit. Rien n'était plus étrange, au milieu de l'obscurité, que d'apercevoir soudain, pendant une seconde, à la lueur livide d'un éclair, le merveilleux panorama de Stamboul. Cette fantasmagorie me faisait excuser volontiers les éclats un peu tapageurs de la foudre.

La journée ne présente pas le même intérêt. La pluie ne cesse de tomber à torrents, le ciel est uniformément gris, tout est noyé dans l'humidité. Où aller, même en bravant l'averse ? Constantinople n'a pas un monument où l'on puisse trouver un abri, pas une rue où l'on puisse flâner agréablement. Les points de vue sont même assez rares, puisqu'il n'y a pas de quais. A la fin de la journée, je descends cependant à Top-Hané pour revoir sa gracieuse fontaine, dont les quatre faces, finement sculptées, sont couvertes d'inscriptions et d'arabesques du meilleur goût. Mais que cette ville est donc sale ! La pluie ne la lave pas ; elle ne sert qu'à y accumuler la boue et les ordures. Il y a un peu moins de chiens dehors, et c'est tout ce qu'on y gagne. Encore ces animaux ne sont-ils pas bien gênants. Aucun ne nous a jamais regardé de travers. Il y a quelques jours, l'un d'eux a mordu au mollet l'ambassadeur de Russie, M. de Nélidoff, qui, myope ou distrait, lui avait passé sur le corps.

Grand émoi. La blessure était insignifiante ; mais vu la qualité du mordu, on l'élargit, on la cautérise et on soigne si consciencieusement le malheureux diplomate qu'il en a pour quinze jours de repos forcé. Un peu plus, on l'expédiait à M. Pasteur.

Ce qui est curieux à observer, c'est l'attitude des chiens de quartier vis-à-vis de leurs congénères étrangers. Aussitôt qu'un chien qui n'est pas de la bande montre son museau de renard, c'est un concert de hurlements furieux, et l'intrus n'a qu'à déguerpir au plus vite, s'il ne veut être dévoré. Hier, un jeune homme remontait les degrés de la rue de Péra, tenant en laisse un chien de chasse. En sentant cet étranger, tous les chiens se réveillaient brusquement et montraient leurs crocs au nouvel arrivant, qui paraissait très loin d'être à son aise. A l'entrée du pont, un autre chien fourvoyé et poursuivi n'a eu d'autre ressource que se jeter dans un bateau, et, comme ses ennemis à quatre pattes l'y pourchassaient, de sauter de caïque en caïque jusqu'à ce qu'il se fût dérobé à leurs yeux. Ces bêtes-là ignorent absolument les lois de l'hospitalité.

25 mai.

Je me suis promené, ce matin, dans les jardins du Vieux-Sérail. Une porte, pratiquée dans les murs crénelés et gardée par un factionnaire, donne accès dans une longue allée qui passe sous le kiosque du musée. On n'a pas idée de la mauvaise tenue de ces jardins. Pas de plan, pas de dessin, des légumes par ci par là, des broussailles partout, alors qu'avec un peu d'entretien on ferait un cadre splendide aux pittoresques architectures des kiosques. Personne, du reste ; le silence, la solitude, l'abandon complet. Où est le temps où, si l'on en croit un historien du siècle dernier, la population du palais s'élevait à neuf mille quatre cents personnes, dont dix-huit cents femmes, trois mille cinq cents valets d'écurie, quatre cents eunuques, deux mille jardiniers, etc. ?

Je gagne, sans rencontrer âme qui vive, la Pointe du Sérail, reliée aux jardins par un pont qui passe au-dessus du chemin de fer d'Andrinople. Un reste de tour m'offre la perspective du Bosphore jusqu'aux massives fortifications du Château d'Europe. Revenant sur mes pas, je tente de pousser plus loin l'examen des jardins ; j'aperçois le Jardin des Fleurs et le Kiosque de Bagdad, mais un factionnaire m'éloigne d'un geste significatif. Il paraît que j'approche, ainsi que je m'en doute bien un peu, du quartier où logent les vieilles sultanes, celles qui ont cessé de plaire et que le Grand-Seigneur relègue aux Invalides. Ce n'est pas le cas d'insister.

Moïse se surmène l'imagination pour trouver quelque chose à nous faire voir. Il propose enfin une promenade en voiture. Nous aurons de la vue, affirme-t-il. Un landau nous prend à deux heures. J'y monte sans entrain, car j'ai de la méfiance. Le début n'est pas encourageant : une route affreuse, de vilaines maisons, une campagne poudreuse, plate, inculte. Comme je regrette d'avoir écouté le fatal drogman !

En chemin, nous croisons un coupé qui renferme un cousin du sultan, Youssouf-Izeddin-Effendi. Est-ce le point de vue annoncé ? Je commençais à le craindre, quand un coin de paysage se montre entre deux légers mouvements de terrain. Nous descendons de voiture, et, à deux cents pas, nous voyons s'ouvrir brusquement à nos pieds une des plus charmantes baies du Bosphore. Un vallon nous sépare du village de Bebek, au delà duquel le Château d'Europe dresse, par-dessus les arbres, ses énormes tours. Sur la côte d'Asie, Anadoli-Hissar étale ses maisonnettes roses. Le Bosphore a d'ici l'aspect d'un lac, et ce que nous en apercevons résume bien sa beauté propre, mollesse de contours, nature coquette et séduction irrésistible.

Au retour, nous passons à côté du

palais de Yildiz. Toutes ces résidences impériales se ressemblent. Celle-là est bien gardée. Elle est entourée, comme une forteresse, de hautes murailles et avoisinée de casernes en bois qui recèlent toute une garnison. Aux alentours immédiats, le terrain est absolument nu, et pas une touffe d'herbe ne récrée cette vaste steppe, dont la surveillance est facile. Plus loin, au fond du petit vallon boisé de Flamour, blanchit entre les arbres un kiosque appartenant au sultan. C'est frais, c'est joli, mais cela rappelle toujours les sucreries des confiseurs.

Demain nous quitterons Constantinople, et, pour en mieux graver le panorama dans nos esprits, nous remontons à la tour de Galata. M. Ber... a creusé, comme moi, la configuration des sept collines et la topographie des mosquées. Je lui fais passer un examen, et il ne lui arrive pas une fois de confondre la Bayezidièh avec la Nouri-Osmanièh, ou la Selimièh avec la Mohammedièh. Au point de vue des minarets, notre éducation ne laisse plus rien à désirer.

Ma terrasse me fournit un autre spectacle. Le soleil, avant de se coucher, disparait derrière des nuages. Tout-à-coup une éclatante rougie embrase l'horizon. Le Sérail flambe, Scutari est en feu, Prinkipo scintille comme si chaque vitre était une étincelle. C'est une irradiation féerique. Et comme les rayons sont tout à fait obliques, ils ne détachent que les grandes silhouettes et laissent les détails dans l'ombre. L'effet est prodigieux, mais si fugitif ! Le temps de l'admirer, et l'incendie s'est éteint. Une gaze violette semble tomber sur la magnifique perspective, des tons froids succèdent à l'illumination d'une minute, et le crépuscule confond dans son ombre terne les mosquées et les palais, auxquels un rayon tardif avait prêté momentanément un éclat surnaturel.

*

26 mai

A l'heure où je vais faire mes adieux au pont, une couche de sable fin couvre toute la chaussée de la rue de Galata ; des curieux se pressent sur les trottoirs, des troupes prennent position. Ce sont, paraît-il, les apprêts du Khirkaï-Chérif. Aujourd'hui quinzième jour du Ramazan, vers midi, le Commandeur des croyants se rendra solennellement au Vieux-Sérail pour baiser le manteau sacré du Prophète. Comme toujours, l'itinéraire du cortège est incertain, et jusqu'à la dernière minute nul ne saura si Sa Hautesse descendra par Galata ou si elle ne traversera pas la Corne-d'Or en caïque.

Cependant des cavaliers tcherkesses occupent le pont, déjà sillonné de voitures officielles. Un personnage à barbe blanche, revêtu d'une robe brodée d'or, passe en coupé : c'est le Cheick-ul-Islam, Son Excellence Ahmed Essad-Effendi, l'homme le plus important de l'empire après le sultan, le vicaire de la religion dont le Grand-Seigneur est le pape. Quelques minutes après, les voitures des sultanes défilent, escortées d'eunuques à cheval. Les glaces sont baissées et les yachmacks dissimulent peu les agréables figures de ces dames. La dernière voiture s'arrête, et une sultane, vraiment charmante, se penche à la portière pour donner un ordre à un eunuque. Je m'arrête aussi, très indiscrètement, je l'avoue ; mais on a si rarement l'occasion de voir des sultanes ! Tout-à-coup une main s'appuie sur mon bras. C'est un cawas qui me rappelle aux convenances et qui, de l'autre main, me montre la rue de Galata comme une direction bonne à prendre. Il a raison, car l'heure du déjeuner et les derniers soins du départ me rappellent à l'hôtel.

La cuisine de M. Logothetti nous laisse un bon souvenir, et, par un phénomène bien rare, la note à régler s'est trouvée au-dessous de ce qui avait été stipulé. Par les mêmes rues malpropres et puantes que nous avons suivies à notre arrivée, nous descendons à la douane, d'où nous gagnons en canot la *Vesta*, du Lloyd. Moïse nous accompagne à bord et ne nous quitte qu'après avoir installé dans la cabine nos menus bagages.

Le bateau démarre à trois heures et demie. Le ciel est plus pur que jamais, et les rives du Bosphore nous charment comme la première fois. Mais le paquebot va trop vite : en une heure, il est à Bouyouk-Déré. C'est la fin de l'enchantement. Au delà, les bords s'escarpent, la végétation se fait plus rare, des rochers gris donnent au site un aspect sévère. Rouméli-Kavak et Anadoli-Kavak, le Château d'Europe et le Château d'Asie qu'on retrouve sur tous les détroits, se regardent au point le plus étranglé. Puis le canal s'élargit jusqu'au Fanal-d'Europe et au Fanal-d'Asie qui en marquent l'entrée. La mer Noire s'étend devant nous, tranquille comme le Bosphore. Elle est certes aussi bleue ; mais les écueils noirâtres des Roches Cyanées donnent au passage une physionomie qui, par le mauvais temps, doit être assez sinistre. Les côtes, dans la direction du nord, sont de hauteur médiocre, très dénudées et sans intérêt. Le bateau, du reste, s'en éloigne sensiblement. Notre soirée se passe sur le pont, à la clarté de la lune, l'air est doux, le vent est nul, et, dans le calme de cette belle nuit étoilée, nous nous étonnons de la fâcheuse réputation que le Pont-Euxin s'est acquise.

27 mai.

A quatre heures, nous sommes en vue de Varna, dominée par les coupoles de sa cathédrale grecque. Le débarquement est souvent très pénible, et on le regarde comme une des difficultés, un des ennuis, au moins, du voyage. Ce matin, la mer est immobile, et la promenade en canot n'offre pas plus de péripéties que si elle s'opérait sur le bassin des Tuileries.

A la douane, un officier en tunique et casquette blanches examine rapidement nos passe-ports. Nous entrons, en effet, dans la principauté de Bulgarie, gouvernée, depuis le 15 août 1887, par le prince Ferdinand de Saxe-Cobourg. Un train nous attend au débarcadère, et, quand tout est casé, passagers et colis, il se dirige, longeant des lagunes, vers une gare d'un aménagement primitif.

Les plaines que nous traversons ensuite sont assez bien cultivées; des mouvements de terrain, des bouquets d'arbres les accidentent légèrement. Mais la contrée prend bientôt un autre caractère. Des montagnes isolées se succèdent, affectant une forme pyramidale; des broussailles en couvrent les versants, et les sommets, tronqués, coupés régulièrement à pic, simulent des tables gigantesques. De lourds chariots, des troupeaux de buffles, des bergers à cheval animent par moments le fond marécageux de la vallée. Puis les hauteurs s'éloignent et la voie s'engage sur un plateau qui déroule en vagues ondulations ses espaces solitaires. A neuf heures et demie, le train s'arrête à Cheytandjik. Un quart d'heure est alloué pour le déjeuner. Il y a un buffet à la gare, mais il ne faut pas songer à se faire servir. On se rue sur les assiettes de viandes froides, sur les côtelettes aux pommes, sur les pigeons aux petits pois, et chacun emporte sa ration vers quelque coin de table. C'est la lutte pour l'existence dans toute son âpreté. Comment le buvetier s'y retrouve-t-il? Mystère. Et cependant on n'est pas trop écorché.

Plus loin, les derniers contre-forts des Balkans bleuissent à l'ouest. De misérables villages parsèment sur les pentes leurs chaumières entourées de palissades. Les paysans que nous voyons aux abords des stations ont l'air rude et grossier, comme ces Daces, leurs ancêtres, dont les bas-reliefs romains nous ont conservé les types. Et la plaine continue toujours, interminable, inculte, hérissée d'herbes sèches.

Tout à coup, vers une heure, nous découvrons le Danube. L'horizon recule dans une morne profondeur. Pas un détail perceptible n'accentue la fuite des plans, pas une éminence n'altère l'horizontalité des lignes : c'est un aplatissement complet. Au terme de la descente, le train entre dans la gare de Roustchouk, toute voisine du ponton d'embarquement. Les voyageurs et les bagages sont entassés pêle-mêle sur un petit vapeur. Heureusement un vent frais circule sous la tente et nous fait oublier la chaleur d'étuve que nous avons éprouvée dans les wagons bulgares. Le trajet de Roustchouk à Smârda dure vingt minutes. Le bateau traverse obliquement la vaste nappe d'eau jaune-clair, moirée de reflets bleu-pâle. Pas d'autre perspective que les files d'aunes et de saules émergeant des rives et trempant leurs rameaux dans le fleuve. Nous débarquons à quatre kilomètres de Giurgéwo. L'Orient-Express nous attend sur la berge même du Danube ; mais il faut d'abord montrer nos passe-ports au gendarme roumain. Celui-ci n'est pas plus tracassier que son collègue bulgare. En apprenant notre nationalité, il nous rend les passe-ports sans les regarder et avec un bon sourire qui lui fend la bouche jusqu'aux oreilles.

Les inscriptions des gares nous ouvrent quelques aperçus sur la langue roumaine. « Jeful de la staczs » se comprend assez vite, quand on a voyagé en Espagne et lu l'inscription similaire « jefe de la stacion ». Les rapports du roumain avec les langues latines sont, en effet, très étroits. Exemple : une indication de sexe qui se trouve également dans les gares : « barbati », d'un côté, « femeï », de l'autre. Les noms propres subissent aussi quelques vicissitudes. Ainsi Giurgéwo ne s'appelle pas Giurgéwo : c'est Giurgiù, tout comme demain nous constaterons chez les Magyares que Vienne s'appelle Bécs. Nous entrons dans le domaine de ces idiômes bizarres que personne n'apprend plus, qui semblent condamnés à disparaître et auxquels cependant les idées particularistes infusent une vie nouvelle.

Le train court à travers les campagnes monotones de la Valachie. A quatre heures, nous apercevons Bukarest. C'est bien l'aspect d'une grande cité : des clochers et des coupoles, de vastes édifices dans ce style administratif qui ennuie le voyageur, mais qui tient de la place, des faubourgs sans fin, dont les maisons basses sont entrecoupées de jardins. Les environs sont assez agréables, et, à distance, on découvre les longues chaînes des Carpathes.

Le dîner nous appelle au wagon-restaurant. Un jeune ingénieur roumain, qui s'assied en quatrième à notre table, nous assure que toutes les sympathies de ses compatriotes sont acquises à la France. L'Allemagne dirige, il est vrai, les conseils du gouvernement ; mais partout ailleurs ce sont les idées françaises qui prévalent. Quand nous avons devisé longtemps au salon, nous regagnons nos chambres, en regrettant que la nuit nous dérobe la vue des seuls sites réellement curieux.

28 mai.

J'en ai tout de même vu quelque chose, car j'ai été réveillé, vers une heure, par le courrier-interprète, qui venait me prier de passer au fourgon. Nous étions, en effet, à Orsova, frontière autrichienne, et les douaniers de S. M. François-Joseph désiraient connaitre le contenu de ma malle. Par bonheur, les couloirs des voitures conduisent au fourgon et la vérification s'opère dans le train lui-même. Comme je dois m'arrêter à Budapest, je suis seul à subir cette formalité. Les bagages ne seront visités qu'à Vienne, où se rendent tous les autres voyageurs. Je ne m'en plains pas, du reste. La lune éclaire les farouches montagnes voisines des Portes de Fer et de la Passe de Kazan.

De la plate-forme du wagon, dans cette gorge de la Béla dont les échos répercutent le bruit du train, le spectacle est d'une sauvagerie presque fantastique.

A six heures, nous quittons nos couchettes. L'Orient-Express roule dans les immenses plaines de la Hongrie. Pas une ondulation, pas même une taupinière, un champ de blé qui n'a d'autres limites que la correcte et désespérante circonférence de l'horizon. Quelques clochers pointent dans la *puzta*, comme des mâts de navires enlizés dans un océan de verdure. A 7 heures, nous sommes à Szegedin. Un beau pont de fer dû à M. Eiffel franchit la Theisz. De grands établissements agricoles et industriels s'élèvent de toutes parts, et il ne reste pas trace du désastre de 1879, qui a emporté trois mille maisons. Des digues puissantes ont été construites, soixante millions ont été dépensés, et la ville, mieux protégée contre les inondations, est aujourd'hui, paraît-il, plus florissante que jamais.

A dix heures vingt — quarante-trois

heures après avoir quitté Constantinople — nous entrons dans la gare spacieuse de Budapest. Je me sépare de mes amis, qui vont tout droit à Vienne, et je déjeune au buffet. Cette fois, un drogman ne me serait pas tout à fait inutile. Aucune racine connue, aucune étymologie plausible ne m'aide, en effet, à traduire les vocables terrifiants de la langue magyare. Comment deviner, par exemple que « allomási-fonök » veut dire « chef de station, » que « dohányzóknak » équivaut à « fumeur », que « személypáliaudvar » signifie « gare centrale » ou qu'on prend le « lóvanatu vasútak », quand on monte en tramway? Heureusement « biftekpom » a un caractère international, et ce simple mot lève toute difficulté.

Par le boulevard de Waitzen — Váczi Körút — je me dirige vers le fameux pont suspendu qui relie les deux villes sœurs. La chaleur est forte et je profite, pour monter à Bude, d'un petit chemin de fer funiculaire. La place Georges, où il me hisse en une minute, offre un magnifique point de vue. Au premier plan, des pentes ombragées d'acacias et les jardins du Château royal descendent en cascades de verdure jusqu'au Danube, « au beau Danube bleu », qui est exactement d'un gris jaune et que sillonnent de petits vapeurs.

Au delà du fleuve s'étendent les quais brillants de Pesth, et, derrière cette ligne de luxueux édifices, tout un monde de maisons carrées et d'églises à coupoles, puis la plaine sans bornes, noyée dans l'azur velouté qui harmonise, comme un léger glacis, tous les plans du tableau. Des cheminées d'usines vomissent leur fumée noire au dessus des faubourgs. A droite, du côté de Bude, le Blocksberg, couvert de bois et de vignes, sert de soubassement à une citadelle ; à gauche, l'île Marguerite, près du pont du même nom, forme une touffe verte. Le panorama est d'une imposante grandeur. J'avoue cependant qu'au sortir de Constantinople et de Brousse l'ensemble me paraît un peu rectiligne, mais cette impression n'est peut-être que l'effet du contraste.

Bude n'a pas d'autre intérêt. Le Château royal — Király Palota — est un bâtiment à persiennes vertes aussi dépourvu d'architecture que soigneusement badigeonné. Je ne perds pas mon temps à le visiter et je rentre à Pesth. Les places sont nombreuses et aussi les statues. En ai-je assez vu dans l'espace d'un quart d'heure ? l'empereur François-Joseph, Etienne Széchényi, François Deák, l'archiduc Joseph, Eötvös, Petöfi... et je ne compte pas les bustes ! Quelle consommation de bronze ! Mais aussi comme toutes ces figures s'encadrent bien dans la jolie verdure des squares !

Les rues de la capitale hongroise ont la beauté moderne, c'est-à-dire la largeur et la régularité du tracé, l'élégance des constructions, la richesse et l'éclat des magasins. Plusieurs édifices, inspirés du style de la Renaissance, s'élèvent dans la Muzeum Körút, l'École polytechnique, les palais Károli, Esterházy, Festetics, le Musée National, qui loge, à côté de ses collections, la Chambre des Seigneurs, et, tout près, la Orszaghás — la Maison du Pays — où siège la Chambre des Députés. Plus belle encore, la rue Andrassy présente, sur un parcours de deux kilomètres, une double rangée de monuments. L'Opéra, qui a été inauguré en 1884 et dont seize statues colossales décorent la façade étincelante de majoliques, le Palais des Arts, l'École nationale de dessin, l'Académie de musique se succèdent sur cette voie magistrale. Bordée, à partir d'un rond-point, de villas coquettes, elle aboutit au Bois de la Ville — Városliget, — grande promenade bien dessinée avec un lac, de gracieuses plantations, des restaurants et un palais qui a servi à l'Exposition nationale hongroise de 1885.

Je regagne l'Osztrakmagyar allamvasút — la gare austro-hongroise — et, à trois heures, je prends le train de Vienne. Après Waitzen, le Danube décrit une courbe majestueuse. Du haut d'un escarpement, le château ruiné de Visegrad, la vieille résidence de Mathias Corvin, semble commander toute la contrée. La cathédrale de Gran — les Hongrois disent Esztergom — attire bientôt les regards. Bâtie de 1821 à 1856, elle occupe le sommet d'un rocher au pied duquel s'étend la ville. Le style en est italien et le dôme qui la coiffe a la prétention peu justifiée de rappeler celui de Saint-Pierre.

Les montagnes grandissent. Des radeaux suivent le fil de l'eau, toujours d'un gris jaunâtre. Mais le chemin de fer s'éloigne du fleuve; la plaine recommence, verte et fastidieuse; au loin, des vignobles renommés tapissent les collines. Un détour nous ramène au Danube. Le château carré de Presbourg domine un site superbe; mais on ne l'aperçoit pas longtemps. Le train s'engage dans un tunnel qui traverse un épaulement des Petits-Carpathes, et, après avoir parcouru une région pittoresque, il entre dans la grande plaine de Vienne, bornée au sud-ouest par les dernières ramifications des Alpes styriennes. Les deux villages qu'il côtoie avant la bifurcation de Stadlau s'appellent Essling et Aspern ; l'île qui se cache dans le cours embarrassé du Danube est l'île Lobau ; les champs qui s'étendent au nord sont ceux de Wagram. Le train franchit le fleuve, qu'on remarque à peine, tant il est obstrué de bancs de sable et d'ilots boisés, passe au bout du Prater, et s'arrête, à huit heures, à la gare de la Staatsbahn. Dix minutes après, je suis au Grand-Hôtel, où je retrouve mes deux compagnons de voyage.

29 mai.

J'ai vu Vienne pour la première fois en 1866, deux mois avant Sadowa. Les vieilles fortifications qui enserraient la ville et la séparaient de ses trente-quatre faubourgs avaient disparu depuis quelques années ; le Ring était tracé, les murs de l'Opéra montaient derrière les échafaudages, et, en face, le premier hôtel particulier construit sur le nouveau boulevard, le Heinrichshof, étalait sa pompeuse façade éclatante de peintures à fond d'or. Vingt-deux ans se sont écoulés, et le Ring, au lieu de prairies et de chantiers, offre aujourd'hui une éblouissante succession de palais et d'édifices publics dont je n'ai vu l'équivalent nulle part. Une heure me suffit pour en faire le tour et juger ainsi de l'admirable transformation qui a si complètement modifié la physionomie de la capitale autrichienne.

Le Ring porte différents noms. Après le Kärnthnerring où est le Grand-Hôtel, mon point de départ, après le Kolowratring qui commence à la belle place Schwarzenberg, le Parkring longe les jardins du Stadtpark. Des arbres se penchent sur un petit lac, un pont franchit la Vienne, une statue de Schubert se détache sur les pelouses, des fleurs diaprent les parterres, et, dans le calme de cette oasis, on ne s'imagine pas qu'une simple grille vous sépare du bruit et du mouvement, des tramways et de la poussière.

Laissant à droite le Musée autrichien pour l'art et l'industrie, et à gauche la vaste caserne François-Joseph, le Stubenring aboutit au Wiener-Donau-Canal. Cette petite rivière grisâtre est pourtant le Danube, un de ses bras au moins ; mais il est convenu qu'on ne voit guère le fleuve à Vienne, quoique la géographie nous assure qu'il y passe. Le quai François-Joseph ouvre une échappée sur les hauteurs boisées du Kahlenberg et conduit au Schottenring, dont la caserne Rodolphe, toute en brique, marque l'entrée. La Bourse, bâtie en 1876 par l'architecte Hansen dans le style de la Renaissance, est un peu plus loin. Presque vis-à-vis, une maison dont les revenus sont consacrés à une œuvre de bienfaisance réveille un sinistre souvenir. Elle a été construite aux frais de l'empereur, sur l'emplacement du Ring-Theater, où plusieurs centaines de personnes ont trouvé la mort dans l'incendie du 8 décembre 1881.

Au bout du Schottenring, la place Maximilien, couverte de massifs et décorée du monument de l'amiral Tegethoff, précède l'Eglise Votive, fondée pour remercier le ciel d'avoir fait échouer la tentative d'assassinat dirigée contre l'empereur, le 18 février 1853, par le Hongrois Libenyi. Ce monument, achevé seulement en 1879 et inspiré du style du quatorzième siècle, a beaucoup de grâce et de légèreté. Deux tours couronnées de flèches qui dessinent sur le ciel, comme un fin réseau, leurs découpures de pierre, flanquent un portail très orné. A l'intérieur, des faisceaux de colonnettes montent avec une svelte élégance jusqu'aux voûtes teintées de bleu. Un demi-jour filtre par de superbes vitraux, et le mobilier luimême, chaire, grille, maître-autel, prouve que l'architecte Ferstel a su s'identifier pleinement avec l'art du moyen âge.

Aucune ville du monde n'offre certainement une aussi magnifique voie que le Franzensring. Les monuments s'y succèdent jusqu'à la satiété. Quand on a dépassé l'Université, œuvre grandiose de Ferstel dans le goût de la Renaissance italienne, l'Hôtel de Ville développe sa majestueuse ordonnance. Un beffroi, dont la flèche ajourée s'élance à cent sept mètres de hauteur, domine les dix-sept grandes fenêtres ogivales du pavillon central. Quatre clochetons lui servent d'accompagnement et coupent heureusement la longue façade. Le style adopté par l'architecte Schmidt est celui des treizième et quatorzième siècles. Est-ce parfaitement en rapport avec les besoins administratifs ? Et la bureaucratie se trouve-t-elle à l'aise dans ce palais gothique ? J'en doute un peu ; mais qu'importe ? Le monument est très décoratif, et il a un caractère de force et d'ampleur qui sied bien à la municipalité d'une vieille capitale historique.

Le Parlement complète cette trinité d'édifices. Cette fois, nous rétrogradons jusqu'à l'antiquité. Après l'Université Renaissance, après l'Hôtel de Ville gothique, le Parlement est grec. Le contraste est assez violent. Je comprends qu'on applique le style du moyen âge à la maison commune ; mais loger des députés et des seigneurs dans un temple antique, installer le régime parmentaire, en l'an de grâce 1884, sous des colonnades qui évoquent des visions de Théories et de Panathénées, c'est une idée bizarre, un anachronisme qui, tout en permettant à l'architecte Hansen de montrer son savoir, témoigne à sa charge d'une certaine impuissance de conception. Les acrotères appelés à rompre la monotonie des toits plats, les griffons, les quadriges en bronze doré ne concourent assurément pas plus que les frontons relevés de polychromie à établir une relation de convenance entre l'édifice et sa destination. M. Hansen s'est trompé. Je ne prétends pourtant pas qu'il aurait dû s'inspirer du parlementarisme lui-même. La notion de ses pratiques aurait trop naturellement conduit l'éminent architecte à adopter le style chinois, qui n'eût pas été moins déplacé sur le Ring.

A gauche du Parlement, le nouveau Palais de Justice, bâti de 1875 à 1881 sur les plans de l'architecte Wielemans, nous ramène aux formes de la Renaissance allemande. A l'intérieur, au fond d'une salle des Pas-Perdus, entourée par deux étages de portiques superposés, monte un escalier monumental. Sur le palier qui le divise en deux révolutions latérales, une statue de la Justice est assise, le glaive d'une main, la loi de l'autre, dans une niche encadrée d'ornements architectoniques. Des peintures, des arabesques couvrent les murs. Je ne sais à quelle heure cette justice opère. Ce qu'il y a de sûr, c'est que j'ai gravi plusieurs escaliers, traversé des corridors, exploré de longues galeries sans rencontrer personne. Au moment où j'allais sortir, un petit garçon a paru fort étonné de m'apercevoir, et, me croyant égaré dans ce désert, il m'a reconduit jusqu'à la porte. C'est tout ce que j'ai vu des corps judiciaires de l'Autriche.

Le Théâtre de la Cour et les ombrages de Volksgarten font face à l'Hôtel de Ville et au Parlement. Et tout de suite, sur le Burgring, viennent les deux Musées de la Cour, œuvre classique des architectes Semper et Hasenauer. L'ordonnance en est identique : au dessus de fenêtres cintrées, un dôme flanqué de quatre édicules d'angle s'arrondit harmonieusement. L'un de ces musées, consacré aux beaux-arts, recevra incessamment les collections du Belvédère et de la Hofburg ; l'autre sera le Musée d'Histoire naturelle.

Sur la vaste place qui les sépare, s'élève le monument de Marie-Thérèse, qui a été inauguré, il y a tout juste seize jours, par l'empereur François-Joseph, en présence de cinquante mille spectateurs enthousiastes. Assise sur un trône, la grande impératrice tient, d'une main, son sceptre et, de l'autre, un rouleau qui figure, paraît-il, la Pragmatique Sanction. Quatre statues équestres occupent les angles du socle, autour duquel se pressent les hommes d'état et les artistes qui ont contribué à l'éclat du règne, Kaunitz, Gluck, Haydn, etc. Des parterres avoisinent l'œuvre colossale du sculpteur Zumbusch, et ses groupes richement patinés s'enlèvent avec vivacité sur le fond gris des Ecuries de la Cour.

De l'autre côté du Ring, la Hofburg enchevêtre ses lourdes constructions. Il est question de rajeunir aussi la vieille résidence impériale. Une façade en accord avec l'architecture des musées a été tracée par Semper. Déjà même un côté est en voie d'exécution : c'est l'aile adossée au jardin particulier de l'empereur. Au delà de ce jardin se trouve le Kaiserlich-Königliche-Hofoperntheater — lisez Opéra, — commencé en 1861 et terminé en 1869. L'édifice n'a pas porté bonheur à ses architectes, Van der Nüll et Siccardsburg. Le premier s'est pendu à la suite de critiques dirigées contre son œuvre et l'autre en est peut-être mort. Les façades latérales sont effectivement bien plates ; mais la façade principale, avec sa loggia et ses statues, ne manque pas de distinction : c'est l'ampleur seule qui fait défaut.

Me voici revenu au Kärnthnerring, et je clos mon procès-verbal de constat. L'ensemble de ces édifices, qu'un plan logique a fait surgir du sol en vingt-cinq ans, est d'une souveraine élégance, et des jardins habilement dessinés semblent adoucir la sécheresse des angles que le temps n'a pas encore émoussés. Les maisons particulières affectent elles-mêmes des airs de palais. A première vue, on est stupéfait du luxe de leur ornementation. Presque partout des figures symboliques complètent l'effet de pilastres et de colonnades ; des bas-reliefs alternent avec des peintures à fond d'or et des effets de polychromie. Mais cette richesse a plus d'apparence que de réalité. A défaut de pierre et de marbre qu'il faut aller chercher loin et payer cher, la brique est très usitée à Vienne. Toutes ces demeures monumentales n'ont pas d'autres matériaux.

La décoration n'est qu'un placage en ciment, en terre cuite, voire même en zinc peint, et peut-être la rigueur des hivers en aura-t-elle raison avant peu d'années.

L'animation du Ring semble médiocre, quand on considère tout ce qu'il y a d'édifices publics agglomérés dans un espace restreint, Bourse, Université, Hôtel de Ville, Parlement, Palais de Justice, qui se coudoient, pour ainsi dire. Comme Paris est autrement vivant! Mais il faut dire aussi que le Ring a cinquante-sept mètres de largeur. De pareilles dimensions ne sont pas propices aux encombrements.

Les collections du Belvédère m'ont longtemps retenu. Il ne convient guère d'apprécier en vingt lignes la galerie de tableaux, et cependant, puisque je note des impressions, comment ne donnerais-je pas un souvenir à la *Madonna del Verde*, œuvre ravissante de la jeunesse de Raphaël, ou à la *Sainte Justine* du Moretto, cette autre merveille qui réunit dans une exquise harmonie le mouvement, le sentiment et la couleur ? Les *Trois Arpenteurs*, de Giorgione, la *Présentation au temple*, de Fra Bartolomeo, la *Séduction d'Io*, du Corrège, mériteraient mieux aussi qu'une mention. Mais je veux être bref. Des trente-cinq toiles du Titien, je ne retiens que son *Ecce homo*, qui groupe une foule de personnages contemporains du maître, entre autres l'Arétin sous les traits de Pilate et Soliman le Magnifique fort étonné d'assister à une des scènes de la Passion. Quand on regarde encore le portrait de jeune femme enveloppée dans un manteau de fourrure, le sein et les bras nus, un mot fameux revient à l'esprit. « Cet homme-là peint donc avec de la chair broyée ? »

Un tableau de famille où Velazquez a représenté, avec une étonnante virtuosité, sa femme, ses enfants, ses domestiques et lui-même au fond de la pièce, devant le portrait de Philippe IV, résume les qualités de l'école espagnole.

Les Flamands triomphent avec Rubens. L'*Apparition de la Vierge à saint*

Ildefonse et le *Saint Ambroise refusant à Théodose l'entrée de l'église* comptent parmi les plus belles pages du maître. Et après ces œuvres d'un souffle puissant, on regarde avec plaisir la *Fête de Vénus à Cythère*, si colorée, si débordante de vie, et le portrait quelque peu déshabillé d'*Hélène Forman*, dont la pelisse tombante oppose hardiment sa tonalité sombre à la splendeur des carnations.

D'excellents portraits de Rembrandt, un *Juif à la fenêtre*, de Hoogstraten, un grand paysage de Ruysdaël, le *Médecin d'urines*, de Gérard Dow, qui vaut à peu près la *Femme hydropique* du Louvre, la *Fête du tir au papegai*, de Téniers, brillent au milieu des nombreuses productions de l'école hollandaise. L'école allemande est très complète; mais je risquerais de m'éterniser au Belvédère, si je ne me bornais à citer les deux œuvres capitales d'Albert Dürer, la *Légende des dix mille chrétiens martyrs sous le roi Sapor*, parmi lesquels le maître de Nüremberg s'est peint lui-même avec son ami Pirkheimer, et la *Sainte Trinité*, une véritable épopée religieuse où éclatent une puissance imaginative et une perfection de travail qu'Albert Dürer n'a jamais dépassées.

En visitant la collection d'Ambras, qui occupe le Belvédère inférieur, j'éprouve de nouveau l'embarras des richesses. Entre ses cent cinquante armures historiques, force m'est pourtant de faire un choix, et, si je mentionne, à titre de curiosité, l'armure du « grand paysan de Trente », Hans Bonna, dont la taille mesurait deux mètres soixante-dix centimètres, je m'arrête plus volontiers devant celle d'Alexandre Farnèse, duc de Parme. Là se dessinent en demi-relief, sur un fond bruni, des entrelacs dorés du meilleur goût qui encadrent des figures argentées, nymphes, animaux chimériques, mascarons grotesques, entremêlées de trophées de guerre et de festons de laurier. Il n'y a pas dans les pièces de cet équipement, cuirasse, armet, rondache, harnais de cheval, deux sujets qui se répètent. C'est une abondance de combinaisons, une eurythmie de lignes ondoyantes qui attestent au plus haut degré le génie inventif des artistes de la Renaissance et leur merveilleuse entente de la décoration.

Trois volumes in-folio avec de curieux dessins contiennent les traités de l'empereur Maximilien sur l'artillerie. Sur une page d'un autre manuscrit, Albert Dürer a tracé à la plume et colorié légèrement deux empereurs portant des trophées. L'arbre généalogique de la maison de Habsbourg projette ses rameaux innombrables et son millier de portraits ; des vitrines recèlent les splendides chasubles de la Toison d'or que les chevaliers portaient aux grands offices de l'ordre ; des bustes en marbre, des bois et des ivoires sculptés, des reliquaires ornés d'émaux, des verreries, des mosaïques fixent tour à tour l'attention. Et quand on arrive au Cabinet doré, on ne sait, en examinant ses bibelots minuscules, ce qu'on doit admirer le plus du travail ou de la matière. Des perles serties d'or émaillé se transforment, sous la main de l'artiste, en bijoux d'une infinie variété, chimères, dragons, sirènes, amphores, scarabées, etc. Le jade et l'onyx deviennent de précieuses figurines, des coquilles nacrées se changent en gobelets charmants. La fantaisie se donne libre carrière et le joaillier arrive à tirer le plus ingénieux parti des bizarreries mêmes de la nature.

Je passerais volontiers ma soirée au théâtre ; mais les affiches ne sont pas encourageantes : l'Opéra donne *Excelsior*, et le Théâtre de la Comédie *l'Abbé Constantin*. Mieux vaut aller prendre le frais sous les arbres du Volksgarten. A partir de huit heures, l'orchestre de Strauss y exécute sans relâche des valses et des mazurkas. Une société élégante s'éparpille par petits groupes autour des tables du restaurant. Les femmes sont jolies, gracieuses, habillées d'étoffes claires qui s'harmonisent avec leurs beautés blondes. Mais quel appétit! Tout ce monde boit et mange avec un incomparable entrain. Il n'y a pas dix personnes qui se promènent. Et tandis qu'Edouard Strauss, le neveu du célèbre Johann, se démène à la tête de ses musiciens, le bruit des fourchettes, occupées à dépecer des côtelettes de veau ou à disséquer des pattes de homard, couvre parfois les ritournelles du *Beau Danube bleu.*

En me rendant au Volksgarten, un trait de mœurs locales m'avait frappé. Aux étalages de photographies, je remarquais les portraits des plus grandes dames de l'aristocratie côte à côte avec ceux de danseuses et de cabotines. Ces patriciennes ont figuré dans des bals travestis, et elles ont tenu à faire connaitre aux populations les costumes sous lesquels elles ont eu, sans doute, de mémorables succès. La princesse Mustennast, par exemple, a posé dix fois, et avec dix costumes, dont le plus ébouriffant est celui d'une déesse de féerie coiffée d'un casque et armée d'une lance. Les comtesses Potocka et Trauttmansdorff forment un aimable groupe de Japonaises. Puis c'est la comtesse Kinsky en muse de la céramique, la comtesse Pejachevich en Egyptienne, la comtesse Wimpffen en Mignon. J'ai oublié les costumes des comtesses Mensdorff et Podstazki ; mais ce que je me rappelle bien, c'est qu'ils ne privaient le spectateur d'aucun détail agréable. Chez nous, une pareille exhibition serait déplacée, si ce n'est dangereuse. Les habitudes ne sont pas les mêmes sur les rives du Danube que sur celles de la Seine, et, puisque les Viennois sont enchantés de voir leurs grandes dames sous ces aspects fantaisistes, nous aurions mauvaise grâce à ne point partager leur satisfaction.

30 mai.

Hier, j'ai vu la ville neuve, toute fraiche encore dans sa robe de stuc et de ciment ; ce matin, je pénètre au cœur de la vieille cité impériale qui groupe autour de la cathédrale ses rues tortueuses et ses hôtels blasonnés. Quel musée de sculpture que cette église Saint-Etienne avec ses tombes gothiques, sa chaire finement ouvragée et son peuple de statues enveloppées dans une pénombre religieuse ! Elle n'a pas subi, comme tant de nos basiliques, la rage imbécile des iconoclastes, et, si quelques détails jurent avec le style du quatorzième siècle, l'harmonie générale n'en est pas sensiblement atteinte.

Je salue en passant le Stock-im-Eisen, ce vénérable débris de la forêt de Vienne que les apprentis serruriers ont bardé de clous; je revois le Graben et son étrange colonne de la Sainte-Trinité, les fontaines du Neuer Markt, les cours de la Burg et leurs statues d'empereurs, et j'entre à l'église des Augustins où m'attire l'admirable tombeau de l'archiduchesse Marie-Christine. Canova a parfois quelque froideur, mais ici il s'est surpassé. Ce cortège s'acheminant vers la porte d'une pyramide funèbre, ces figures symboliques, la Vertu, la Bonté, le Génie de la Douleur, respirent un sentiment d'indicible tristesse. Je ne connais pas d'allégorie moderne qui impressionne à ce point.

Le caveau sépulcral de la famille impériale s'étend sous l'église des Capucins. Dès les premières marches, un manteau de glace vous tombe sur les épaules. L'obscurité est à peu près complète et l'on trébuche à chaque pas contre les tombeaux des empereurs. Un capucin vous les nomme en projetant sur eux la faible clarté d'une bougie : ici Matthias, là Joseph Ier, ailleurs Marie-Thérèse et François Ier. La plupart de ces monuments sont dans le goût rococo et leur excessive ornementation contraste singulièrement avec l'endroit, qui est vraiment sinistre. Que de ciselures sont enfouies dans ces ténèbres humides! Plusieurs tombes sont, par exception, d'une extrême simplicité, celle du duc de Reichstadt, celle de sa mère Marie-Louise. Des fleurs fraîches s'épanouissent sur une autre sépulture : c'est celle de l'archiduc Maximilien, dont deux couronnes en argent rappellent le règne éphémère. En un instant, l'imagination recompose le drame sanglant dont le prologue est à Miramar et le dénouement à Queretaro. Un souvenir personnel s'y mêle pour moi. J'étais à Rome, quand Maximilien, qui avait accepté, quelques jours auparavant, la couronne du Mexique, vint demander la bénédiction du pape, et je me trouvais précisément à Saint-Pierre, le 19 avril 1864, à l'heure où il visita la basilique, accompagné de l'impératrice Charlotte. Je me glissai dans la suite et je fis le tour de Saint-Pierre derrière les deux majestés. La belle figure souriante de l'empereur décelait l'ambition satisfaite et la confiance dans l'avenir. Trois ans et deux mois tout juste le séparaient alors du peloton d'exécution.

Une très curieuse exposition m'appelle au Musée pour l'art et l'industrie. L'Autriche est dans une année jubilaire.

Elle célèbre par avance le quarantième anniversaire de l'avènement de François-Joseph, qui tombera le 2 décembre. Des fêtes ont eu lieu déjà, et la plus brillante a été l'inauguration du monument de Marie-Thérèse. A l'occasion de cette dernière solennité, on a réuni les objets de toute nature qui se rattachent au règne, à la personne ou à la famille de la grande impératrice. Le Trésor et les châteaux impériaux en ont prêté un certain nombre, dont la valeur artistique donne à cette exposition, en dehors des souvenirs historiques, un intérêt considérable.

J'omets à dessein les autographes, les éventails, les nécessaires de toilette, les montres émaillées, les figurines de Saxe, les encriers rocaille, les armes de parade, etc. Une petite cuisine en bronze doré est un cadeau du landgrave de Hesse. Tous les ustensiles y sont, les brocs, les vases, les casseroles. Un amour en porcelaine confectionne je ne sais quelle sauce; des poulets picorent; un lapin ronge quelque chose; une volaille est à la broche, et, au-dessus de la cheminée, un cadran indique l'heure. C'est une horloge, en somme ; mais à combien de menus détails ne s'attarde-t-on pas avant d'apercevoir les aiguilles?

Les vêtements ne m'arrêteront pas longtemps. Et cependant il y a là des miracles d'élégance. Les costumes de l'empereur en velours bleu d'azur, vert-pomme, jaune soufre, sont couverts de broderies étourdissantes. A côté de ces habits de gala, un simple habit de chasse en drap vert bouteille montre une large déchirure. Une lettre de Joseph II explique cet hiatus. Il a été à la chasse, écrit-il à un ami le 28 juillet 1784, et un cerf l'a chargé de si près que son habit en a souffert.

Les visiteurs se pressent devant les joyaux. La plus belle pièce sortie des écrins impériaux est le cordon et la grand'croix de l'ordre militaire de Marie-Thérèse avec cinq cent quarante-huit brillants et, au milieu, un diamant rose de vingt-six carats. Je ne cite que pour mémoire de célèbres parures de saphirs et d'émeraudes.

Au premier étage, c'est le mobilier : des chaises à porteur couvertes de peintures sur fond d'or, un traîneau somptueux, un grand bureau à étagère traité avec la maestria du bureau de Louis XV qui est au Louvre, des fauteuils dont les tapisseries représentent des scènes de kermesse, un écran de soie blanche sur lequel l'aiguille de Marie-Thérèse a brodé des fleurs et des animaux chimériques, etc. Puis, dans un compartiment disposé avec art, un groupe de meubles du style Louis XVI le plus pur et de la plus parfaite exécution, une pendule à gaine, un bureau en marqueterie orné de cuivres d'une fine ciselure, des vases bleu de Sèvres richement montés, une harpe, un délicieux flambeau de bureau avec écran laqué, et, sur une console, planant, pour ainsi dire, au-dessus de cette merveilleuse exhibition, un buste de la reine Marie-Antoinette.

Les portraits de Marie-Thérèse et de

ses enfants ne se comptent pas. Le type de l'impératrice donne bien l'impression d'une forte tête et d'une énergique volonté. Les jeunes princesses, ses filles, forment des groupes charmants. C'est une très belle famille, dominée par la haute prestance de l'empereur François Ier, dont le profil offre exactement les mêmes lignes que celui de Marie-Antoinette.

Les collections du Musée autrichien pour l'art et l'industrie rappellent beaucoup celles de notre musée provisoire des arts décoratifs. Seulement elles sont, depuis quinze ans déjà, confortablement installées dans un édifice Renaissance qui a été bâti à cet effet et qui n'a pas coûté plus de douze cent mille francs, tandis que, pendant le même laps de temps, sous prétexte d'arts décoratifs, nous n'avons réussi qu'à gaspiller dix millions dans les combinaisons d'une loterie véreuse. L'exposition céramique est considérable. Nevers, Rouen, Moustiers, Delft, Vienne, Minton y sont représentés par de beaux spécimens. Des meubles, des tissus, des tapisseries, des ouvrages en bois et en ivoire fournissent d'excellents modèles à l'industrie. Une salle enfin renferme des objets en métal, des hanaps et des vidrecomes de l'ancien art allemand, des bijoux en or copiés d'après les modèles antiques, des pièces de toute nature venant de l'Inde, avec un décor délicat où l'or et l'argent se combinent adroitement pour former une ornementation à la fois compliquée et harmonieuse.

J'avais vu jadis à la galerie Lichtenstein une *Vierge à la pomme*, de Raphaël, qui s'épanouissait dans un cadre magnifique et que les critiques déclaraient appartenir à la période de transition entre la première et la deuxième manière du maître. Je retourne aujourd'hui au palais de la Fürstengasse. Tout est changé : le panneau n'est plus de Raphaël, il est de Cotignola, et je suis confus de reconnaitre que c'est la première fois que j'entends prononcer ce nom. Mais les Van Dyck sont toujours là, superbes, rayonnants. La jeune *Princesse de Tour-et-Taxis* vous suit de son doux regard, le peintre *David Ryckaërt*, enveloppé dans sa robe de fourrure, semble vous interroger ; et ce guerrier, le front haut, l'œil chargé d'éclairs, la moustache fièrement retroussée, ce n'est pas seulement le *Portrait de Wallenstein*, c'est un des chefs-d'œuvre les plus complets du maître. Quand j'aurai encore cité : de Rubens, les jolis portraits de ses deux fils et l'*Histoire de Décius* en six tableaux ; — du Corrège, le *Sommeil de l'Amour*, touché avec une rare suavité de pinceau, — du Caravage, une *Joueuse de luth*, dont la grâce n'exclut ni la vérité ni la solidité de la couleur, j'aurai écrémé la collection.

Nous finissons la journée au Prater. L'Exposition jubilaire de l'Industrie s'est ouverte, le 14 de ce mois, dans la rotonde qui a servi à l'Exposition universelle de 1873 et dont la vaste coupole fait l'étonnement des spécialistes. Les objets exposés, étoffes, bronzes, meubles, porcelaines, papiers peints, etc., nous intéressent faiblement. Le public est surtout dehors, consommant, selon l'usage, dans les restaurations en plein air, pendant qu'un orchestre accompagne le tintement des tasses de café au lait glacé et le cliquetis des chopes. Le Prater me semble inférieur à sa réputation. La végétation y est plantureuse, mais le dessin et l'entretien y font défaut. Le sol spongieux, coupé de flaques d'eau stagnante, éveille des idées de marécage. Quelques équipages défilent dans l'Hauptallee. Un landau de la cour, avec un cocher en livrée bleu et argent, et un chasseur coiffé d'un chapeau à plumes blanches, croise notre voiture : c'est l'archiduchesse Stéphanie, une jeune femme blonde, assez colorée, les yeux petits, les traits allongés, qui fait sa promenade en compagnie d'une dame d'honneur.

Je dine une dernière fois au Grand-Hôtel avec M. Ber..... et M. Van..... Aujourd'hui se clôt le second chapitre de notre voyage. Le troisième et dernier va s'ouvrir pour moi seul. Mes amis partent dans quelques jours pour Paris, tandis que, remontant vers le nord, je vais visiter Prague, Dresde et Berlin. A neuf heures, je suis à la gare de la Staatsbahn. Le portier-consigne qui contrôle les billets est un Alsacien. Blessé à la bataille de Coulmiers, il a obtenu cet emploi, qu'il remplit depuis treize ans. Le brave homme m'indique un compartiment libre, où je monte avec un habitant de Leipzig. Nous espérions rester seuls et déjà nous procédions à des arrangements de coussins qui m'auraient rappelé les petits lits de l'Orient-Express, quand une famille trop complète, père, mère, bonne, enfant en bas âge, fait irruption à la dernière minute.

— « C'est un grand malheur qui nous frappe », me dit le Saxon avec beaucoup de sérieux.

Effectivement il ne peut plus être question de se coucher, et tous nos vœux tendent désormais à ce que l'enfant se tienne tranquille.

31 mai.

Il est minuit quand nous passons à Brünn. Les Slaves écrivent Brno; mais je ne me charge pas de prononcer. Un édifice blanchâtre que j'entrevois vaguement sur une hauteur est cette fameuse forteresse du Spielberg qui a valu à Silvio Pellico plus de renom que ses tragédies. Austerlitz est à une quinzaine de kilomètres à l'est. La contrée devient ensuite très accidentée, les tunnels se suivent à de courts intervalles, et le chemin de fer, quittant la Moravie pour entrer en Bohême, passe en même temps du bassin du Danube dans celui de l'Elbe. Nous sommes au point de partage des eaux, qui vont, les unes à la mer du Nord, les autres à la mer Noire. C'est même exactement le centre de l'Europe, car, à vol d'oiseau, la distance de Brünn à Gibraltar, à Tromsö ou à Astrakan est absolument la même.

Le jour se lève vers Pardübitz, assise au pied d'un château démantelé. La voie rejoint l'Elbe. Un embranchement remonte la vallée dans la direction du Riesengebirge et passe, à vingt-cinq kilomètres de là, à Königgrätz et à Sadowa. Avant sept heures, nous sommes en vue de Prague. On ne se douterait pas qu'on arrive dans une des villes les plus pittoresques de l'Europe. Le train longe le faubourg industriel de Carolinenthal, et les rues coupées à angles droits, les maisons d'une irréprochable banalité, les parallélogrammes des casernes, les fabriques surmontées de cheminées fumeuses ne me préparent guère au spectacle que va m'offrir la vieille capitale de la Bohême.

C'est une délicieuse sensation que de faire les premiers pas dans une de ces villes si favorisées par le site et si pleines des souvenirs d'un autre âge qu'elles vous donnent l'impression d'un décor d'opéra où tout est combiné pour frapper l'imagination. A peine ai-je quitté la gare qu'une haute tour du quinzième siècle percée d'une porte, le Pulverthurm, me transporte brusquement au moyen âge. Cinq minutes après, je suis sur la Grande Place ou Grosse Ring. L'ensemble en est bien captivant : des maisons élevées sur arcades ; une église, la Teynkirche, hérissée de tours et de clochetons ; un vieux logis seigneurial, le palais Kinsky ; l'hôtel de ville de style gothique, dont la grande tour a survécu seule à la réédification terminée, il y a tout juste quarante ans ; et, au milieu de la place, la Colonne de la Trinité. Quelle belle toile de fond pour le troisième acte de *Faust !*

Mais l'aspect du pont de Charles, de la Carlsbrücke, me remue davantage. Une tour qui porte des statues d'empereurs ouvre, à l'entrée, sa porte ogivale. A côté, devant le Collegium Clementinum, siège de l'Université, s'élève la statue de Charles IV. Le pont jette ses seize arches sur la Moldau et dresse triomphalement ses trente statues, dont la plus vénérée est celle de saint Jean Népomucène, érigée à l'endroit même d'où le saint a été précipité dans la rivière pour n'avoir pas voulu révéler à Wenceslas IV la confession de l'impératrice Jeanne. Une autre tour défend l'entrée du côté de la rive gauche. Et, par-dessus ces tours et ces statues, le Hradschin, encadré d'immenses jardins, élève sa masse imposante. C'est un coup d'œil extraordinaire, une vivante résurrection des temps disparus. Quelques lansquenets, quelques hallebardiers sur le pont, et l'illusion serait complète. Mais elle ne peut pas se produire aujourd'hui. Une animation insolite règne dans la vieille ville et un véritable flot roule vers les hauteurs du Hradschin. Seulement, ce sont des bourgeois endimanchés qui vont assister à la procession de la Fête-Dieu et qui ne rappellent en rien les reîtres du quinzième siècle. Aucun détail de leur tenue ne révèle même si nous sommes à Prague ou à Pontoise.

Je n'ai qu'à suivre le mouvement. De l'autre côté du pont, huit soldats de bronze portent, debout sur un bouclier, le feld-maréchal Radetzki. Un escalier de deux cents marches monte au Hradschin. Quand j'arrive dans l'enceinte du Château royal de Saint-Wenceslas, la procession est commencée. La vaste place est pleine de troupes et de fidèles. Les fanfares militaires alternent avec les salves de mousqueterie et le bruit du canon. Une compagnie d'infanterie précède le saint Sacrement. Sous le dais s'avance lentement l'archevêque de Prague, François de Paule, des comtes de Schönborn, un grand seigneur bohême qui a été, paraît-il, officier de dragons et dont les traits ont un cachet de distinction suprême. Les reposoirs sont pauvrement arrangés, mais les massiers en toque rouge et robe fourrée sont d'un excellent effet. Je crois voir de vieux portraits d'Albert Dürer ou de Lucas Kranach échappés de leurs cadres. Quand le prélat élève l'ostensoir, la foule s'incline pieusement et les soldats décoiffés exécutent le commandement « genou terre » avec un ensemble parfait.

Tous les passages sont obstrués, et, renonçant provisoirement à visiter le Hradschin, je monte à la place de Lorette. Le palais Czernin, transformé en caserne, en borde un des côtés. En face se trouvent un couvent de capucins et une chapelle qui est la fidèle reproduction de la Santa Casa que j'ai vue jadis à Loreto. Plus haut encore, j'entre à l'abbaye de Strahow. Un prémontré me propose en latin de me montrer le tombeau de saint Norbert, fondateur de l'ordre; mais c'est le point de vue qui m'a surtout attiré. Le portier, qui, plus mêlé aux choses de ce monde, comprend mieux le but profane de ma visite, me conduit au jardin. De la terrasse, au delà d'un ravin boisé, Prague apparait tout entière avec sa forêt de tours et de clochers, son pont chargé de statues et sa rivière sinueuse. La perspective est très caractéristique, très suggestive, pour parler le langage du jour, et, dans cette soudaine évocation du passé, il semble qu'on soit rejeté de trois siècles en arrière, comme lorsqu'on monte à l'Alcazar de Tolède ou au Château d'Edimbourg.

Quand je redescends au Hradschin, la procession est finie et la foule commence à s'écouler. Les prémontrés qui assistaient à la cérémonie rentrent chez eux. Plusieurs de ces religieux sont coiffés d'un chapeau melon et portent par-dessus leur robe blanche un paletot noir de coupe tout à fait laïque. On se presse dans la cathédrale de Saint-Vit. Un chanoine est en chaire et prêche avec feu; mais le sermon n'empêche nullement les fidèles de se promener dans les bas-côtés, et le brouhaha ne paraît pas gêner le prédicateur. L'église se compose seulement d'un chœur ogival de la seconde moitié du quatorzième siècle. On travaille à son achèvement et déjà les murs de la nef s'élèvent à une certaine hauteur. Le monument le plus considérable est le tombeau de saint Jean Népomucène, un sarcophage flanqué de statues aux angles et sur lequel planent deux anges. Tout est en argent, et les guides assurent qu'il y a trente quintaux de ce métal. Il est fâcheux que la valeur artistique de l'œuvre ne soit pas en rapport avec le capital de cinq cent mille francs qu'elle représente.

Que citer encore? Le mausolée des rois de Bohême en marbre et en albâtre, la chapelle de Saint-Wenceslas, incrustée de pierres fines et décorée de vieilles fresques, l'anneau de la porte que tenait ce saint au moment où il fut assassiné par son frère Boleslas, un boulet aussi dont la vue ravive des souvenirs historiques. Quand Frédéric II assiégea Prague en 1757, il lança sur la cathédrale, au dire d'un historien consciencieux qui les a comptés, 23,659 projectiles. L'église en a réchappé par miracle; mais comme c'est bien prussien, ce bombardement enragé d'une cathédrale et cet acharnement de brute contre un des plus admirables monuments que l'art gothique ait laissés !

On montre au château la fenêtre par laquelle les députés bohêmes précipitèrent, le 23 mai 1618, les gouverneurs

royaux Martinitz et Slawata. C'était la
« vieille coutume bohémienne », et il
faut croire que les gouverneurs avaient
eux-mêmes une certaine habitude de la
« défénestration », car, tombés d'une
hauteur de vingt mètres dans les fossés
du château, ils se relevèrent sans autre
accident qu'une forte émotion.

Un pont franchit le Hirschgraben,
un gouffre de verdure qui se creuse au
pied des sévères murailles du château.
Plus bas, la villa du Belvédère, construite, en 1636, par l'empereur Ferdinand, s'élève au milieu d'un beau parc.
Après le Volksgarten, une descente en
lacets me ramène dans la ville. De vieux
palais, Auersberg, Krakowski, Fürstenberg, se groupent sur une place
irrégulière ; mais leur intérêt s'efface
devant celui du fameux Wallenstein
qui appartient encore à la famille du
terrible général. D'une cour de service,
on pénètre dans une salle immense
ouverte sur un jardin et ornée de fresques représentant la guerre de Troie.
C'est un splendide décor, conçu dans

des proportions grandioses. Une petite salle voisine, avec des imitations de stalactites, est la chambre de bain. Dans une autre pièce, on voit le cheval que Wallenstein montait à la bataille de Lutzen. Voilà deux cent cinquante-quatre ans que ce quadrupède empaillé est livré à l'admiration publique. Au premier étage, ou plus exactement au-dessus de la grande salle ouverte, — car la hauteur de celle-ci représente beaucoup d'étages, — s'étend une salle de bal. La chapelle est celle où le duc de Friedland entendait la messe. Une peinture retraçant sa mort tragique sert de retable à l'autel. D'autres objets le rappellent encore, le tapis sur lequel il s'agenouillait, le vieux fauteuil où il avait coutume de s'asseoir, le coffret de mariage de sa femme, son portrait et celui de sa fille, un tableau signé du monogramme d'Albert Dürer, etc. Le reste du palais a été modifié.

En repassant la Carlsbrücke, je me retourne plus d'une fois pour revoir le majestueux Hradschin, dominé lui-même par les collines du Laurenzberg, dont l'église forme le point culminant de la perspective. Sur le Franzensquai, une haute fontaine, ornée de figures en pierre et terminée par un pinacle de style gothique, porte la statue équestre de l'empereur François Ier; de petites iles verdoyantes partagent les eaux tranquilles de la Moldau. La belle rue Ferdinand rejoint le Graben, centre du commerce et du mouvement; mais, avant d'y rentrer, je pousse jusqu'à la place Charles, toute bordée d'édifices publics, tribunal, hôpitaux, école polytechnique, etc. La tour qui se dresse à l'angle nord-est est le seul vestige de l'ancien hôtel de ville qui fut, lui aussi, le théâtre d'une « défénestration ». Le 17 juillet 1419, la populace, furieuse de l'arrestation de quelques Hussites, jeta les conseillers municipaux par les fenêtres. Des piques avaient été dressées pour les recevoir, et il est probable que, malgré l'habitude de ces sauts périlleux, les honorables édiles s'en tirèrent à moins bon compte que Martinitz et Slawata.

Quand j'ai encore vu le long boulevard planté d'arbres et qualifié de place Wenceslas, au bout duquel on achève en ce moment de construire un Musée National, je me trouve en règle avec les principales curiosités de Prague. Le temps, orageux dès le matin, devient fort mauvais, et la pluie tombe à torrents, pendant qu'à l'hôtel du Cheval noir, je renouvelle connaissance avec la cuisine allemande, le bœuf bouilli aux carottes, la langue à la purée de foie et le mélange de pommes en compote, de pruneaux et de mirabelles qui accompagne le poulet rôti.

Mais à peine ai-je quitté Prague que le ciel s'éclaircit avec la soudaineté d'un changement à vue. Le soleil brille joyeusement et la verdure humide se pare de teintes éclatantes. Les stations qu'on traverse, Kralup, Raudnitz, Lobositz, portent des inscriptions en langue tchèque. La Bohême a, elle aussi, la prétention d'être une nation, et elle aspire à avoir son roi, tout comme la Hongrie. Il y a un parti Jeune-Tchèque, dont les menées ne sont pas un des moindres soucis du gouvernement. J'ignore quel avenir est réservé à ces tendances particularistes ; mais je constate qu'il faut à un pauvre voyageur des notions de linguistique bien approfondies pour deviner que « predzatejvenistacs » veut dire « chef de gare ».

A partir d'Aussig, la contrée est ravissante. Le chemin de fer a rejoint l'Elbe, et, comme il en suit tous les méandres, le point de vue se déplace à chaque tour de roue. Les collines gracieusement ondulées se couvrent de bois ; de jolis villages se mirent avec coquetterie dans les eaux du fleuve. Le voyage est un enchantement perpétuel, et, pour en mieux jouir, je m'installe dans le salon du wagon-restaurant. Naturellement j'y suis seul, les autres voyageurs s'entassant dans le restaurant lui-même pour manger et boire au milieu d'un nuage de fumée. Huit vasistas sont à ma disposition, et, d'un coup d'œil, j'embrasse tout l'horizon. A Bodenbach, dernière station autrichienne, les douaniers allemands sont là qui réclament l'ouverture des malles ; mais je commence à me faire à cette formalité que je subis pour la huitième fois depuis Modane. Elle s'accomplit, du reste, avec beaucoup d'ordre et de célérité.

En face de Bodenbach, le château du comte de Thun domine la petite ville de Tetschen. Nous entrons ici dans la Suisse saxonne. Le nom est un peu ambitieux et les hauteurs que j'aperçois n'ont rien de commun avec celles de l'Oberland. Mais ce n'en est pas moins un pays extrêmement pittoresque, avec des accidents de terrain, des gorges étroites, des rochers déchiquetés et une robuste végétation qui rappellent en petit, comme une adroite réduction, certains aspects de la Suisse. A cette heure, toute la lumière tombe sur la rive opposée à celle que suit le chemin de fer et en accentue les détails. Les moindres localités ont une physionomie attrayante. Des hôtels, des pensions, des maisonnettes festonnées de vigne vierge indiquent des habitudes de villégiature. Çà et là des ravins fendent la montagne, et le regard s'enfonce au passage dans leurs sombres couloirs.

A partir de Schandau, l'Elbe décrit trois grandes courbes et le panorama change avec une rapidité qui brouille toutes les notions topographiques. Tout à coup une orgueilleuse forteresse se dresse sur la rive droite, au sommet d'un rocher abrupt, à trois cents mètres au dessus du fleuve : c'est le Königstein. Auguste II y fit enfermer le chimiste Bötticher en lui enjoignant de trouver la pierre philosophale, et le prisonnier, à force de chercher, trouva..... la porcelaine. Les prisons d'État servent toujours à quelque chose. Celle-ci, toute rébarbative qu'elle est, nous a valu les bergers galants, les villageoises poudrées à blanc, les nymphes mignardes, les amours enguirlandés de roses, tout ce petit monde souriant qui fait la joie de nos étagères et qui résume si joliment les frivolités du siècle dernier. Un nouveau circuit nous cache bientôt ses bastions. Aux environs de Pirna, la Suisse saxonne commence à se gâter ; des carrières exploitées au bord de l'Elbe nuisent au paysage ; de larges écorchures balafrent la montagne et substituent à l'aimable verdure de ses pentes les tons blanchâtres et froids de la pierre. Le train s'écarte ensuite du fleuve et se dirige en droite ligne, à travers une plaine, vers Dresde, dont il contourne les jardins et les faubourgs, avant de stopper à la gare de Bohême.

Je n'ai eu qu'à me louer de l'obligeance du Saxon avec lequel je voyage depuis Vienne. Quand je l'en remercie, en descendant de voiture :

— « Mais pas du tout », me dit-il, « c'est moi qui vous suis fort reconnaissant. J'ai rarement l'occasion de parler français et j'ai pris une bonne leçon avec vous. »

Toujours pratiques, les Allemands !

L'hôtel Bellevue restera dans mes souvenirs comme une des plus agréables installations que j'aie jamais rencontrées.

Isolée sur une vaste place, en vue du Musée, de l'Eglise catholique, du Théâtre de la Cour, la maison domine l'Elbe. Des grandes baies de sa salle à manger ou mieux encore de sa terrasse ombragée par des plantations, on découvre la Neustadt, le pont Auguste, les jardins fleuris du Palais Japonais. Un orchestre invisible se fait entendre sous vos pieds. Quand il se tait, les souffles du soir vous apportent les accords affaiblis d'autres harmonies lointaines. Ce n'est pas une féerie pourtant. Des cafés-concerts sont établis en contre-bas, sur la berge même de l'Elbe, et là, comme à Vienne, la musique stimule la consommation. Je me suis endormi bercé par les valses qui tiennent une large place dans le répertoire.

1er juin.

Avant neuf heures, je cherche dans les cours du Château royal l'entrée de la Grüne Gewölbe. Une bien vulgaire bâtisse que cette résidence officielle du souverain, qui, du reste, loge ailleurs ! Sur la rue Auguste, le mur est décoré d'une composition en *sgraffito* retraçant le cortège des princes qui ont régné sur la Saxe. Une misérable petite porte vous introduit dans la célèbre Voûte Verte, dont les huit salles renferment une collection d'objets d'art et de curiosité qui est une des plus riches de l'Europe.

Chacune de ces salles a sa spécialité. Des bronzes on passe aux ivoires. Un artiste a sculpté dans un seul morceau de quarante centimètres de hauteur quatre-vingt-douze figures représentant la Chute des Anges ; mais l'effet n'est vraiment pas en rapport avec cette prodigieuse dépense de temps et de patience. Je préfère l'Enlèvement de Proserpine ou la Frégate hollandaise que Neptune, traîné par ses chevaux marins, soutient de son bras robuste.

Des émaux, des coffrets en mosaïque, des nacres montées scintillent derrière les vitrines de la Chambre des Camées. Une charmante fantaisie a transformé une coquille d'argonaute en frégate ; une autre coquille est devenue un pélican ; une troisième, un cygne. D'un œuf d'autruche, une monture en argent a fait l'autruche elle-même. Une cheminée réunit enfin, dans sa splendide décoration, les plus précieuses matières et les plus délicates œuvres d'art, bronze, onyx, biscuit de porcelaine et pierres dures.

C'est de la peinture verte du Silberzimmer que la collection tire son nom. La vaisselle d'or et d'argent exposée dans cette salle offre de beaux spécimens de l'art allemand. Une Renommée sonne de la trompette au sommet d'une pendule de Boulle, ornée de ciselures merveilleuses et supportée par les quatre Saisons, qui font office de cariatides. Et, dans la salle voisine, on néglige les vases en chalcédoine, en jaspe, en lapis, les bustes, les figurines, pour admirer l'énorme camée antique qui représente Auguste, ou le plus grand émail connu, une Madeleine, par Dinglinger, d'après Carlo Dolci, ou encore et surtout une glace ronde montée sur une colonne en cristal. Cette glace n'a que quinze centimètres de diamètre, mais l'encadrement accompagné de figures et de sphinx est de Benvenuto Cellini.

Les richesses s'accumulent dans la dernière salle. Au milieu des joyaux de la couronne resplendit, enchâssé dans une agrafe, un diamant vert pesant quarante carats et estimé quinze cent mille francs ; des parures en rubis et en saphirs dardent leurs feux ; un nègre porte un quartier de roche dans lequel s'encastrent de grosses émeraudes. Mais je ne veux pas continuer cet inventaire et je m'arrête devant le singulier ouvrage de Dinglinger, la Cour du grand Mogol Aureng-Zeb. Cent trente-huit figurines en or émaillé s'agitent sur une vaste plaque d'argent. Le grand Mogol trône sous un dais étincelant qu'environne un peuple de courtisans. Des chameaux circulent chargés de ballots, des éléphants se promènent gravement, des porteurs courent en tous sens. Il paraît que ce travail a coûté huit années à l'artiste et cinquante-huit mille thalers au prince qui l'a commandé. Voilà encore bien de la peine et bien de l'argent pour une œuvre qui appartient à un art tout à fait secondaire ; mais il faut reconnaître que c'est d'une exécution surprenante et d'une très spirituelle conception.

Je sors ébloui, et, sans perdre un instant, je me rends au Johanneum dont le Musée historique et la Collection d'armes sont classés avec un ordre parfait. Les armures de parade, entre autres celle de Christian II, témoignent d'un sentiment exquis de l'art décoratif. Des pistolets fort simples à poignée d'ivoire ont appartenu à Louis XIV, d'autres, plus simples encore, à Charles XII et à Gustave-Adolphe. Puis ce sont des souvenirs historiques, l'écharpe ensanglantée de l'électeur Maurice et la balle qui le tua à Sievershausen ; l'armure de Gustave-Adolphe, le fer à cheval brisé d'une simple pression de main, le 15 février 1711, par l'électeur Auguste le Fort; la tente du grand-vizir Kara Mustapha, prise, à la levée du siège de Vienne, par Jean Sobieski ; une selle recouverte de soie rouge et bordée d'un galon d'or, que Napoléon perdit à la bataille de Dresde ; les habits de gala des Electeurs de Saxe ; le chapeau de Pierre le Grand et son nécessaire de toilette, etc. Je note enfin, au milieu d'une collection de chaussures, les bottes de Napoléon à la bataille de Dresde ; les souliers en satin blanc brodé d'or qu'il portait à son couronnement ; les chaussures de Kant, de Wieland, et, dans le voisinage de cette illustre cordonnerie, de simples sabots français — französische holzschuhe — qu'on ne s'attendait guère à voir en cette affaire.

A l'étage supérieur est installé le Musée des Porcelaines qui comprend quinze mille pièces de la Chine, du Japon, des Indes, de la France et surtout de la Saxe. Le classement est fait, dit-on, par ordre de dates; mais la disposition générale n'est pas intéressante.

Cette vaste salle a l'air d'une grande boutique. Involontairement on cherche les commis qui vont faire l'article. Peut-être eût-il été possible, sans déranger sensiblement la chronologie, d'éviter cette froide symétrie et cet agencement méthodique qui peuvent convenir à une collection de minéraux, mais qui ne mettent guère en valeur des objets d'art.

Un des plus curieux monuments de Dresde est le Zwinger, dont les six pavillons rococo, reliés par de légères galeries, encadrent de trois côtés une cour ornée de parterres et d'orangers. C'est une architecture théâtrale, et ce n'est même, à vrai dire, qu'un riche décor, puisque l'édifice devait former seulement l'avant-cour d'un magnifique château resté à l'état de projet. Les feuilles de cuivre qui recouvrent les combles se sont oxydées, et leur teinte vert-de-gris étonne un peu l'œil habitué à trouver d'autres couleurs sur les toits.

Le Nouveau Musée ferme le côté

primitivement libre du Zwinger. Tout de suite, sans m'arrêter aux bagatelles de la porte, je gagne la salle A pour voir la perle de la collection, la *Madone de Saint-Sixte*. Le tableau se présente dans un cadre avec ornements architectoniques, au-dessus d'un autel gris et or, comme il devait être placé chez les moines noirs de Saint-Sixte pour lesquels Raphaël le peignit. Dès l'entrée, on est captivé par le regard pénétrant de la Vierge. La salle donne même l'illusion d'un sanctuaire. On s'y glisse sans bruit, on échange ses réflexions à voix basse, on s'assied dans l'ombre sur la banquette qui fait face au chef-d'œuvre, et on contemple avec un recueillement religieux. L'ineffable beauté de la peinture justifie bien cette impression. La Vierge est certainement une des trois ou quatre figures qui occupent les plus hauts sommets de l'art. La pieuse expression du saint Sixte, la grâce incomparable de la sainte Barbe accompagnent dignement cette apparition céleste. Rien ne manque à la perfection de l'ouvrage, et, si la mise en scène n'ajoute rien à ses mérites, elle concourt à les faire apprécier.

La disposition du Musée est simple et logique : au centre, sous la coupole, une salle octogone décorée de tapisseries, les unes d'après Quentin Matsys, les autres d'après Raphaël ; à gauche, les écoles d'Italie et d'Espagne, à droite, celles d'Allemagne et des Pays-Bas.

La couleur locale n'a jamais, comme on sait, beaucoup inquiété les Italiens. Antonello de Messine a placé le *Martyre de saint Sébastien* à Venise, dans une cour de belle ordonnance ; des femmes assistent au supplice du haut d'une galerie ; des seigneurs vêtus de longues robes ramagées d'or vont et viennent avec une parfaite indifférence. En peignant *Bethsabée au bain*, Franciabigio n'a cherché aussi qu'un prétexte pour mettre en scène une foule de personnages du seizième siècle. Et qu'est-ce encore que *Jacob et Rachel* de Palma le Vieux, si ce n'est un jeune couple vénitien qui s'embrasse dans la campagne? Mais la composition est charmante et la splendeur du coloris place le maître à côté de Giorgione, à qui le tableau a été longtemps attribué.

Paul Veronèse a un *Moïse sauvé des eaux* et des *Noces de Cana* avec une autre disposition que celle de la grande toile du Louvre. Le Titien a le *Denier de César*, deux figures à mi-corps, une *Vénus couchée* d'une extrême beauté, et deux ravissants portraits de jeunes femmes, dont l'une est peut-être sa fille Lavinia. Mais j'arrive, sans plus tarder, au Corrège, qui est admirablement représenté. Sa *Madeleine au désert* est connue de tous. La gravure, la photographie, tous les procédés en usage, ont reproduit à l'envi la séduisante pécheresse, allongée sur l'herbe, accoudée pour lire, et à demi vêtue d'une draperie bleue qui dessine ses gracieux contours. L'*Adoration des bergers* tient une place plus élevée dans l'œuvre du maître : c'est, selon la désignation consacrée, la *Nuit du Corrège*. Nuit brillante, nuit illuminée par le rayonnement de l'enfant Jésus couché sur la paille. Jamais le pinceau du Corrège n'a été plus tendre et plus suave. Après la *Vierge de Saint-Sixte*, c'est la pièce capitale du Musée.

L'Ecole allemande compte plusieurs ouvrages d'une haute valeur. Une importante composition, connue sous le nom de *Vierge de Holbein*, représente la famille du bourgmestre Meyer, de Bâle, prosternée devant une madone. Tous ces portraits sont d'une finesse et d'une vérité prodigieuses. Sans doute, la Vierge n'a rien de commun avec celle de *Saint-Sixte*; mais c'est un type et les maîtres seuls savent en créer. Est-ce toutefois un original? On en doute aujourd'hui. Des critiques prétendent que c'est une copie de la Vierge qui se trouve à Darmstadt, au palais du prince Charles de Hesse. Elle aurait été exécutée par quelque maître flamand ou hollandais, assez longtemps après l'original.

Il est vrai que les connaisseurs ne sont pas infaillibles. Exemple : le superbe *Portrait d'Hubert Morett* que j'ai sous les yeux. On a cru pendant cent ans que c'était un portrait de Ludovic le More par Léonard de Vinci, et il se trouve que c'est celui d'un orfèvre de Henri VIII par Holbein, ainsi que l'établit un remarquable dessin de ce dernier maître.

Passons aux écoles des Pays-Bas. Un petit tryptique de Van Eyck réunit la Vierge, l'enfant Jésus, sainte Catherine et saint Michel : c'était le retable de l'autel de voyage de Charles-Quint. Les trente-six toiles de Rubens, la *Chasse au sanglier*, le *Retour de Diane*, une répétition du *Jardin d'amour* qui est à Madrid, etc., n'ajoutent pas grand'chose à sa réputation. Van Dyck brille, au contraire, d'un vif éclat avec sa *Danaé*, avec les portraits des *Enfants de Charles Ier* et un autre portrait de femme si noble, si parlant qu'il recule l'illusion de la vie jusqu'à ses dernières limites.

La collection des peintres hollandais est fort riche. Peu soucieux de la poésie de la fable, Rembrandt a traité d'une façon très réaliste l'*Enlèvement de Ganymède* : l'aigle saisit un gros garçon par sa chemise, et celui-ci se débat, grimace et crie. Le même amour de la vérité a inspiré le maître, quand il s'est représenté lui-même, le verre en main, embrassant sa femme qu'il tient gaillardement sur ses genoux. A côté de ces œuvres d'une verve primesautière, Gérard Dow a mis tout ce qu'il a de grâce et de finesse dans sa *Jeune Fille cueillant du raisin*, tout ce qu'il a de spirituelle observation dans son *Arracheur de dents*. Van der Meer, Metzu, Netscher, Terburg comptent aussi de précieux tableautins. Une *Chasse au cerf* peut être enfin considérée comme l'œuvre maîtresse de Ruysdaël, qui a placé ses figures au milieu d'une superbe forêt de hêtres coupée par quelques flaques où se réfléchissent les nuages.

Les tableaux modernes allemands

du second étage sont vite vus. J'aime mieux les beaux pastels du rez-de-chaussée. Liotard y occupe le premier rang avec sa *Belle Chocolatière*, et les traits énergiques du vainqueur de Fontenoy y revivent sous le crayon de Latour.

Six heures de promenade à travers les musées m'ont saturé d'art, et je retrouve volontiers le soleil. Dresde a l'aspect calme et reposé d'une grande ville de province. Les monuments y sont rares. L'Eglise catholique de la Cour date du milieu du dix-huitième siècle. La lumière y entre crûment par de grandes fenêtres dépourvues de vitraux peints. Le Prinzen-Palais, où habite la famille royale, est une simple caserne. Le Théâtre de la Cour, œuvre de l'architecte Semper, forme un hémicycle au-dessus duquel s'étagent la salle et la scène ; au milieu se dresse une sorte de tour couronnée par un quadrige en bronze. Je consulte l'affiche : elle annonce pour demain les *Maîtres chanteurs de Nüremberg*. Le spectacle de ce soir me laisse plus froid : c'est la *Conjuration de Fiesque, tragédie républicaine de Schiller.*

Derrière le théâtre s'étendent les Plantations — Anlagen — d'agréables jardins dont les allées contournent un petit lac. Je franchis le pont Auguste et j'entre dans la Neustadt, qui n'est, à proprement parler, qu'un faubourg. Une statue équestre en cuivre doré d'Auguste le Fort, cet électeur qui eut, dit-on, trois cents enfants, rayonne sur la place du Marché. Le Palais Japonais est à peu de distance. Pourquoi Japonais ? Rococo serait plus exact. Les jardins sont délicieux, et, au sortir des musées, après cette perpétuelle tension de l'œil et de l'esprit, c'est une jouissance exquise d'errer paresseusement sous leurs ombrages. D'un tertre, par-dessus les vigoureuses frondaisons et les lilas en fleur, on découvre le panorama de l'Altstadt, les coupoles de l'Eglise de la Cour, les flèches dentelées de Sainte-Sophie, la classique ordonnance du théâtre, la façade Renaissance du Nouveau Musée, la terrasse de Brühl, toute cette agglomération d'édifices qui donnent à Dresde une physionomie bien particulière.

Un tramway me conduit, dans la soirée, au Grand Jardin par la rue Moritz, la place Georges décorée d'une statue de Körner et la promenade de la Bürgerwiese. Je parcours d'abord le Jardin Zoologique, mais c'est bien pour l'acquit de ma conscience de touriste, et sans prendre le moindre intérêt aux bâillements des tigres ou aux effets de cou des girafes. Au Grand Jardin, les arbres ont acquis des proportions énormes. J'ai même rarement vu de pareilles masses de verdure. Un lac encadre de ses nappes immobiles des ilots reliés par des ponts rustiques. Au bout de la Hauptallee s'élève un château, rococo naturellement, avec un toit vert-de-gris. Des pelouses symétriques, des parterres, des statues lui font un accompagnement gracieux. Un orchestre égrène ses notes à travers l'épaisseur des bosquets ; des familles cheminent lentement sous les futaies, et deux restaurants sont là pour garantir les promeneurs contre les horreurs de la faim.

Au retour, j'achève la visite de la ville. L'Altmarkt a un monument de la Victoire surmonté d'une Germania en mémoire de la campagne de 1870 ; les Allées Moritz côtoient le Jardin botanique ; mais la véritable promenade est la terrasse de Brühl, dont un angle est occupé par le café-concert très fréquenté du Belvédère. La vue s'étend librement sur l'Elbe, couverte d'établissements de bains, sillonnée de bateaux et de petits vapeurs desservant les environs. Les orchestres commencent à résonner de plusieurs côtés. Et, comme la veille, dans cette ville élégante et tranquille, où il ferait bon à vivre sans le spectre prussien, je me couche encore aux accents joyeux de la musique.

2 juin.

C'est vraiment à regret que je quitte l'Hôtel Bellevue pour aller prendre, à la gare de Silésie, le train de Berlin. Les salles d'attente sont bondées de consommateurs qui, sans distinction d'âge ni de sexe, grignotent, avalent ou dévorent quelque chose. A n'importe quelle heure, ces Allemands donnent l'impression de naufragés de la *Méduse* qui font leur premier repas. En route, un voyageur me fournit, avec une parfaite obligeance, mille renseignements utiles, et quand, en débarquant à Berlin, je veux lui en exprimer ma gratitude, c'est lui qui me remercie. Lui aussi, il a pris sa petite leçon de français. Décidément, je passe à l'état de professeur. Ce Berlinois garde, du reste, le meilleur souvenir de Paris, la ville la plus gaie, la plus vivante qu'il connaisse. Officiellement, de l'autre côté du Rhin, on tonne contre la corruption de la Babylone moderne, et, en particulier, on brûle d'y venir ou on regrette ses plaisirs quand on en a goûté. Je constate une fois de plus la place exceptionnelle que Paris tient dans les aspirations et dans les sympathies des étrangers. Bon gré mal gré, c'est le point brillant qui les hypnotise.

Le trajet de Dresde à Berlin est sans intérêt. Les campagnes de la Saxe sont assez jolies d'abord. A quelques kilomètres, j'aperçois Meissen, sur les bords de l'Elbe, dominée par sa cathédrale et par son château du quinzième siècle. C'est là qu'est établie la célèbre manufacture royale de porcelaine. Après Falkenberg, la contrée devient d'une platitude désolante. Des champs à peine cultivés, des bois rabougris, des pins sinistres, des terrains sablonneux : nous sommes en Prusse. J'observe à Jüterbogk une église gothique dont les deux clochers sont reliés par une galerie en bois. Plus loin, à Lichterfelde, l'École des Cadets, — le Saint-Cyr prussien, — étale ses bâtiments en brique. Plus loin encore, une grande plaine nue, sèche, lamentable : c'est Tempelhof, où ont lieu les revues militaires. Quelques constructions apparaissent, quelques larges rues désertes, puis, sans transition, le train entre dans la gare monumentale d'Anhalt : c'est Berlin.

On n'a pas franchi le quai de débarquement qu'on peut apprécier déjà l'ordre, les habitudes policées, disciplinées du pays. A la différence de ce qui se passe trop souvent chez nous, le voyageur n'éprouve pas le moindre embarras. Un contrôleur lui remet un numéro de fiacre. Dès ce moment, la voiture est à lui. Un facteur l'y installe et va chercher les bagages sans que l'arrivant ait à s'en préoccuper. Il n'y a pas d'octroi, et personne ne vous demande rien. Un quart d'heure après, sans autre formalité, j'étais au Central-Hôtel, qui occupe un vaste quadrilatère à l'angle de la Friedrichsstrasse et de la Dorotheenstrasse. Les salons du rez-de-chaussée sont largement aménagés, et une cour vitrée, égayée par des arbustes, sert de succursale à la salle à manger. Ce n'est pas doré, sculpté, fouillé, mouluré, comme à notre Hôtel Continental ; mais c'est confortable et bien tenu.

En quelques minutes j'ai gagné les Tilleuls. La fameuse avenue — Unter den Linden — dont le nom retentit si souvent à nos oreilles, a grand air. On circule, à l'ombre de ses arbres, entre deux rangées d'hôtels et de maisons réellement imposantes. La porte de Brandebourg, qui en est le point de départ, a la prétention de rappeler les Propylées. Seulement elle est en brique, et des enduits trompeurs, des ciments qui s'effritent remplacent le marbre du Pentélique. Au sommet, une Victoire en cuivre repoussé conduit le quadrige tant affectionné des architectes allemands. Après la place de Paris, bordée de médiocres palais, des édifices officiels développent leurs grandes façades correctes et froides, le ministère des Cultes, le ministère de l'Intérieur. Plus loin s'ouvre la Kaisergalerie où des magasins, des restaurants, un café-concert attirent les promeneurs. Un cabinet de figures de cire y exhibe, au dehors, le président Carnot et le général Boulanger, qui sont très regardés, le second surtout.

Aux étalages des papetiers, là et ailleurs, ce sont toujours les portraits de la famille impériale. Je vois bien quelques souverains étrangers, quelques dames du corps de ballet ; mais ces comparses sont noyés dans le débordement des Guillaume et des Frédéric, que le public contemple avec vénération. Une des photographies qui ont le plus de faveur est celle des « quatre générations » impériales, le vieux Guillaume en bonne place, le Kronprinz Frédéric un peu effacé, le prince Guillaume campé militairement, et le fils ainé de ce dernier affublé déjà d'un petit uniforme. On regarde aussi, sans se lasser, Guillaume Ier à ses derniers moments, sur son lit de fer, tendant la main à Bismarck. Frédéric III, lui, n'a rien du soldat ni du souverain. Le photographe l'a pris en tenue de promenade, un feutre sur la tête, ou encore, entouré de sa famille, sur le perron de la villa Zirio, à San-Remo, pendant cette cruelle agonie qui dure toujours et dont le terme ne peut être maintenant éloigné.

Ce qui est assez drôle à voir, ce sont les figurines en terre cuite peinte de ces mêmes personnages. Ces reproductions minuscules et très exactes ressemblent aux statuettes de saints qui font l'ornement du quartier Saint-Sulpice. Guillaume, Bismarck, de Moltke, très raides, très boutonnés dans leurs uniformes, s'alignent ainsi derrière les vitrines, et les petites proportions de ces grands hommes, l'exagération légère de leurs types, telle que l'impose toujours la réduction, ne manque pas d'une certaine saveur comique.

Mais voilà bien du temps passé à regarder les boutiques. C'est à l'angle des Tilleuls et de la Friedrichsstrasse, aux alentours du café Bauer, que la circulation a le plus d'activité. Mais ce mouvement n'offre rien de commun avec celui de Paris. Ce n'est pas seulement la foule affairée, l'encombrement des voitures, le va-et-vient fiévreux qui manquent, c'est aussi la gaieté, le charme, l'élégance. Tous ces bourgeois des deux sexes sont vraiment bien épais. Si les Berlinois comparent leurs Tilleuls à nos boulevards, je n'y fais pas d'objection. Seulement il faudrait s'entendre sur le point de comparaison à prendre entre la Madeleine et la Bastille. A coup sûr, ce n'est pas le boulevard des Italiens.

De loin se dresse la silhouette du monument de Frédéric II. L'œuvre de Rauch est une des plus belles qui aient été exécutées en ce genre. Il règne entre ses diverses parties, le vieux monarque chevauchant sur son piédestal de granit, les statues de généraux, les allégories de la base et les bas-reliefs, une admirable harmonie que peu de monuments modernes possèdent à un égal degré. Ces figures ont une vie extraordinaire, et, de quelque côté qu'on les envisage, le relief en est très heureusement compris.

A droite s'élève une maison dont le balcon repose sur quatre colonnes doriques, son seul luxe architectural. Un factionnaire garde une porte peinte en brun rouge et dépourvue de toute moulure. Ce logis, dont la simplicité ferait sourire un banquier retiré des affaires, est le palais de l'empereur Guillaume. Pas de cour, pas de jardin : les fenêtres donnent directement sur l'avenue. Celle qui est à l'angle, du côté de la place de l'Opéra, est la fenêtre « historique », la fenêtre où le vieil empereur avait coutume de se montrer tous les jours à midi, au moment où la garde était relevée. En face, l'Académie, l'Université, et, derrière le palais de l'empereur, en retour sur la place de l'Opéra, la Bibliothèque royale avec cette inscription qui eût étonné Cicéron : *Nutrimentum spiritus*. Il parait que cet édifice a été bâti en forme de commode. L'idée est facétieuse ; mais il faut s'attendre à tout avec les architectes rococo.

Les monuments se suivent et se pressent dans un court espace. L'Opéra est un temple grec hexastyle avec des bas-reliefs en zinc. Le latin n'y manque pas non plus : *Fredericus rex Apollini et Musis restituit*. Et, de fait, Apollon perche sur le fronton en compagnie d'Euterpe et de Terpsichore.

Derrière l'Opéra, l'Église catholique de Sainte-Hedwige arrondit son dôme, et, au bout des Tilleuls, le palais du Kronprinz fait face à la Galerie de la Gloire et au Corps de garde royal.

Je traverse le pont du Château jeté sur un bras de l'insignifiante Sprée. Au delà s'étend une place plantée d'arbres, le Lustgarten. Le terrain n'a pas été ménagé et les monuments se développent avec une remarquable ampleur. D'un côté, le Château royal étale sa large façade ; de l'autre, le Vieux Musée détache sa colonnade sur les fresques à demi effacées de Cornélius. Et par derrière, au centre d'un square entouré de portiques, la Galerie Nationale domine de son architecture grecque un escalier majestueux. Au fond, une église banale du dernier siècle et des bâtiments inachevés, où sont exposés les moulages d'Olympie, ferment assez mesquinement cette place grandiose.

Le pont de l'Electeur, qui porte une curieuse statue équestre du Grand Electeur, franchit l'autre bras de la Sprée et réunit au Vieux-Berlin l'île où sont situés les musées et le Château. Au milieu de la Königsstrasse, le nouvel Hôtel de Ville lance dans les airs une tour de quatre-vingt-quatre mètres. C'est un édifice de solide apparence, tout en brique, et il faut savoir gré à l'architecte de n'en avoir pas dissimulé les matériaux sous des enduits mensongers.

Revenant au Château, je gagne le Gensdarmenmarkt. Deux églises coiffées de dômes bulbeux se font pendant. Entre ces deux monuments rococo, le Théâtre de la Comédie — Schauspielhaus — rappelle l'éternel style grec. Pas de quadrige cette fois, mais Apollon sur un char que traînent deux griffons. La statue de Schiller, œuvre de

Bégas, complète l'effet décoratif de la place.

La Chambre des Députés donne sur une place voisine, Dönhofplatz. Le palais législatif est une simple maison. On ne s'est pas mis en frais pour loger les représentants de la nation prussienne. L'architecture d'un bureau d'enregistrement a paru suffire. C'est bien compris.

La rue de Leipzig, qui va de la place Dönhof à la place de Potsdam, est une des plus belles voies de Berlin. De pompeuses constructions se succèdent sans interruption sur un parcours de quinze cents mètres. Les architectes, s'inspirant des traditions du moyen âge, se sont efforcés de rompre par de fortes saillies la monotonie des façades. Des tourelles, des clochetons, des échauguettes se haussent par-dessus les toits et ajoutent à ces massives demeures un élément pittoresque. C'est assurément une intelligente combinaison de l'ancien art allemand, épris des reliefs et des lignes brisées, avec le style moderne qui réclame l'espace, la lumière et l'aménagement commode des intérieurs.

Laissant la place de Leipzig avec ses édifices publics, Hôtel du gouverneur, Amirauté, ministère de l'Agriculture, je regagne les Tilleuls par la Wilhelmsstrasse, véritable série de palais dont chacun commande l'attention. Après le ministère des Affaires étrangères, après le palais du prince Frédéric-Charles et la place Guillaume encombrée de statues de généraux, c'est le ministère des Travaux publics, le palais Borsig, et, tout près, dans la Vosstrasse, la Chancellerie de Justice. Un hôtel assez simple et surtout assez négligé qui se présente ensuite ne fixerait pas autrement le regard, si le nom du propriétaire ne causait un tressaillement : c'est la demeure du Reichskanzler Fürst Bismarck, comme on l'appelle officiellement. Un bâtiment central et deux ailes enserrent une cour de médiocre apparence. Les enduits tombent, les peintures s'écaillent ; mais le propriétaire a d'autres soucis que l'entretien de son immeuble. Contre l'aile droite s'appuie la Chancellerie du ministère des Affaires étrangères, suivie de la Chancellerie de l'Empire. Je regarde avidement ces murs, insignifiants par eux-mêmes, derrière lesquels le « chancelier de fer » roule ses vastes projets. Il est là, car les journaux rapportent qu'il est allé hier passer deux heures à Friedrichskron, et l'état de l'empereur ne lui permet pas de s'éloigner. Hélas! c'est là aussi, de l'autre côté de cette porte, au fond de cette cour, qu'est l'axe de la politique européenne, et machinalement, comme s'ils allaient me révéler quelque chose, je suis de l'œil le faisceau des fils télégraphiques de la Chancellerie, messagers de paix ou de guerre, selon le caprice du terrible homme d'Etat qui leur confie sa pensée.

Et les palais continuent à défiler, le ministère de la Maison royale, l'hôtel de l'Ambassade d'Angleterre, qui vit la splendeur du financier Strousberg, le ministère de la Justice, la maison Pringsheim à la façade polychrome, etc.

J'arrête cette nomenclature. Quand je rentre sous les Tilleuls, j'ai vu Berlin. Les autres quartiers n'ont pas d'intérêt. Au surplus, toutes ces rues qui se coupent à angles droits se ressemblent beaucoup. Celui qui a suivi la Kronenstrasse peut se dispenser de parcourir la Mohrenstrasse. Mêmes logis carrés, même rectitude inflexible. C'est monumental, personne ne saurait le contester, mais sec et froid. La capitale est bien l'image de la monarchie prussienne. Les rues s'alignent comme les rangs d'un bataillon, les maisons ont la tenue pesante et uniforme des soldats sous les armes, les clochetons et les pinacles se hérissent comme des baïonnettes. Dans cette ordonnance voulue, rationnelle, impeccable, il ne reste pas une place pour la fantaisie, pas un petit coin pour l'imprévu.

L'ordre et la discipline se manifestent partout. Aux carrefours, des agents à cheval règlent la circulation des voitures. Les casques à pointe qui couvrent leurs têtes barbues me rappellent les landwehr de 1870. Les rues sont d'une propreté parfaite et la voirie ne laisse rien à désirer. On a l'impression d'une police intelligente et vigilante dont l'action n'est pas contrecarrée par de basses complaisances et de sottes considérations politiques.

Le diner de cinq heures me ramène au Central-Hôtel. Nous sommes vingt-cinq convives dans l'immense salle à manger. Les tables d'hôte sont peu fréquentées en Allemagne. On préfère les restaurations, plus gaies et surtout plus économiques. Le menu est rédigé en français, et il faut que l'usage soit bien implanté pour résister à l'universelle germanisation qui est le rêve de la politique prussienne. Du reste, quoi qu'en pensent les Allemands, notre langue les envahit. Je feuillette un journal d'annonces après le dîner. Un tiers des mots nous sont empruntés. Ceux du théâtre d'abord : « loge, balkon, parerret, fauteuil, parquet. » J'apprends ainsi qu'au théâtre Belle-Alliance, il y a, ce soir, concert avec « brillante illumination. » Le Jardin Concordia convoque à ses « humoristiche soiréen » et l'Orpheum à son « grand bal paré ».

Le « grand Restaurant » du Jardin Zoologique, tenu par Borgers et Marquardt, « traiteure », sert « des déjeuners, diners et soupers » au prix moyen d'un marc et demi « à couvert ». Au non moins « grand Restaurant Beck » le « menu » porte : « foie gras aux madeira, bœuf braisé, pommes purrés, légûmes d'asperges, harricots verts ». D'autres commerces font appel à nos substantifs. Lüders a pour « spécialität : costumes, robes de chambre, matinées et manteaux », sans parler des « promenaden-toiletten » qu'il offre aux « damen ». Gersmann tient tout ce qui concerne « sport, livrée, chapeaux mécaniques », et Hentschel, sans craindre d'altérer la pureté native de ses concitoyennes par l'usage de nos « modes » corruptrices, leur propose un très beau choix de chapeaux parisiens en « original » ou en « copie ».

L'Opéra donne, ce soir, le *Rheingold* de Wagner. J'arrive un peu avant sept heures. On s'empare de ma canne au vestiaire, et j'ai peine à défendre mon chapeau, l'usage étant ici de se débarrasser de tous ces accessoires. Les femmes aussi retirent leurs chapeaux. Ce serait une habitude bonne à prendre chez nous et que béniraient bien des spectateurs, ennuyés de payer dix francs pour apercevoir, pendant quatre heures, au lieu de la scène, un assemblage compliqué de fleurs, de rubans et d'oiseaux empaillés. La salle a quatre rangs de loges et un décor blanc et or. Sauf la loge impériale, toutes les places sont occupées ; mais quel contraste avec la physionomie si élégante et si coquette de nos théâtres ! Pas une femme n'est en toilette, et je ne découvre ni une robe ouverte ni un habit noir. A quoi bon, du reste ? Au moment où le rideau se lève, l'éclairage électrique s'éteint, et il n'y a plus désormais d'autre lumière que celle de la scène. Ce n'est vraiment pas la peine de se mettre en frais de chiffons et de bijoux.

Mais attention ! Je ne suis pas ici pour m'amuser, et les autres spectateurs non plus. On entend du Wagner, comme on assiste à un office, silencieusement, respectueusement, avec un recueillement pieux qui exclut toute manifestation. Une fois la pièce commencée, les fidèles n'échangeront plus un mot et demeureront, la bouche béante, les yeux écarquillés, jusqu'à ce que le rideau tombe sur l'apothéose finale et sans qu'aucun entr'acte coupe la séance.

Le *Rheingold* est le prologue des grands ouvrages, la *Walkyrie*, *Siegfried* et le *Crépuscule des Dieux*, dont l'ensemble forme l'épopée dramatique intitulée l'*Anneau du Niebelung*. J'avoue humblement que, peu familiarisé avec les habitudes de tous ces dieux-là, j'ai trouvé la fable obscure et fastidieuse. Quand, aux dernières notes d'une introduction qui répète le même accord pendant cent cinquante mesures, le rideau se lève, la scène n'envoie aucune clarté dans la salle. Des ténèbres opaques enveloppent le décor. Peu à peu l'œil s'y fait et découvre des rochers qui semblent baignés par des eaux transparentes où se jouent des reflets d'argent : c'est le lit du Rhin. Au sommet d'une pyramide de granit rayonne le *Rheingold*, l'or que les Niebelungen plongés dans les entrailles de la terre, les Géants répandus à la surface et les Dieux habitants du ciel vont se disputer. Des formes vagues se meuvent alentour et glissent avec grâce dans les profondeurs cristallines des eaux : ce sont les filles du Rhin, auxquelles Wotan, maître de l'univers, a confié la garde du trésor. Le tableau est d'une singulière poésie et la mise en scène est si prestigieuse qu'on ne s'imagine pas tout ce qu'il a fallu de corsets, de supports et d'appareils roulants pour donner une légèreté aérienne aux évolutions de ces trois ondines. Bientôt une voix masculine interrompt leurs chants. Ce que prétend le Niebelung Alberich, c'est conquérir le trésor. Et, malgré la résistance des filles du Rhin, il escalade le roc et s'empare de l'or mystérieux qui doit lui donner le souverain pouvoir sur tous ceux de sa race.

Le décor change avec une savante progression. Des nuages descendent, couvrent les rochers, et quand ils s'écartent, un beau paysage apparaît : de grands arbres, des rochers moussus, un ciel bleu. Wotan a fait bâtir le palais de la Walhalla par les Géants, et ceux-ci réclament pour leur salaire Freia, déesse de la jeunesse. Au terme d'une discussion fort longue et quelque peu soporifique, une transaction intervient : les géants Faselt et Fafner recevront, en échange de Freia, le trésor des Niebelungen ; mais, très méfiants, ils emmènent la déesse comme otage. Les Dieux s'affaiblissent alors, se sentent vieillir, et Wotan prend le parti de descendre chez les Niebelungen pour reprendre l'or conquis par Alberich.

Des nuées fantastiques envahissent la scène, et la nuit s'étend graduellement sur le paysage. Des lueurs rouges brillent dans l'ombre comme des points incandescents, puis grandissent, et, quand les brouillards se dispersent, on voit les cavernes infernales des Niebelungen éclairées par des feux sinistres. Le décor est réellement terrifiant. Des nains s'agitent au milieu de ces clartés sanglantes. Les dieux Wotan et Loge pénètrent dans le Niebelheim, et Alberich leur montre un casque magique qui rend invisible. A l'aide de ce talisman, il s'éclipse dans un nuage de vapeur d'eau et se métamorphose en un énorme dragon qui se déroule à travers la scène et s'enfonce dans un trou. Quand il reparait après cette expérience, Loge l'engage insidieusement à se transformer en crapaud. Le changement s'opère dans une bouffée de vapeur, et, pendant que Wotan maintient sous son pied le naïf Niebelung, Loge s'empare du casque magique. Tous deux garrottent ensuite Alberich et l'emmènent au séjour des Dieux.

Encore des nuages, et peu à peu

les cavernes obscurcies font place au paysage élyséen du tableau précédent. Pour recouvrer sa liberté, Alberich livre le trésor des Niebelungen qui ressemble assez, le dieu Wotan me pardonne cette irrévérence, à un fonds de chaudronnerie ; mais, comme on lui arrache aussi son anneau magique, il prédit que cet anneau donnera la mort à son maître. Effectivement une rixe éclate entre les Géants à ce sujet. Faselt tue Fafner : c'est le meurtre qui fait son apparition sur la terre vierge de sang. Les Dieux reconquièrent Freia et leur jeunesse. La nuit tombe sur la scène. Soudain la foudre éclate, les éclairs luisent, et, quand l'orage s'apaise, quand les nuages se dissipent, un arc-en-ciel brille à l'horizon. Une marche triomphale se fait entendre et les Dieux, usant de l'arc-en-ciel comme d'un escalier, montent par cette voie nouvelle à la Walhalla, tandis que des profondeurs du fleuve s'élève le chant plaintif des filles du Rhin dépouillées à jamais de leur trésor.

Ce n'est pas le cas de me livrer à des considérations esthétiques sur le caractère de la musique et les beautés du « leit-motiv ». Je remarque seulement que les Allemands comprennent le spectacle autrement que nous. Nous y allons pour nous divertir, eux pas. Peut-être mes courses dans Berlin n'étaient-elles pas étrangères au sommeil qui a clos mes paupières pendant les dialogues du deuxième tableau ; mais si j'ai réussi à le vaincre, c'est grâce à la mise en scène dont les trucs ingénieux, les changements à vue et les jeux de lumière ont fini par tenir mon attention constamment en éveil.

Les rôles des filles du Rhin Woglinde et Welgunde étaient remplis par Mmes Leisinger et Renard. Mme Leisinger, qui est l'étoile de la troupe, est venue à Paris et a chanté *Faust* une fois à l'Opéra, où son succès a été médiocre. Mme Renard est une artiste de valeur. Elle aurait mérité plus d'une fois qu'on l'applaudît ; mais les marques d'approbation troubleraient le drame wagnérien, et c'est seulement à la chute du rideau qu'on ose battre des mains.

Le spectacle était fini à neuf heures quarante, et, en regagnant l'hôtel, j'apercevais encore, au couchant, les dernières lueurs du crépuscule.

3 juin.

De Berlin à Potsdam, trente-cinq minutes de trajet à travers un pays plat et triste. A la sortie de la gare, le Long Pont franchit la Havel, qui est moins un cours d'eau qu'une succession de petits lacs. Le Château royal, correct et solennel à l'extérieur, date de la fin du dix-septième siècle. Avec son double escalier à rampe dorée, le vestibule a l'élégance du style Louis XV. Ce qui n'est pas rococo, par exemple, ce sont deux canons Krupp et un canon revolver disposés au bas de cet escalier, comme ailleurs on mettrait des fleurs ou des potiches. On reconnait là tout de suite l'esprit de la maison.

Dans une antichambre, le concierge me montre la toise sous laquelle Frédéric-Guillaume Ier faisait passer les aspirants grenadiers pour vérifier s'ils avaient les six pieds réglementaires. Des tableaux de Vanloo et de Lesueur décorent les salons suivants. Mais l'intérêt ne commence réellement qu'aux appartements de Frédéric II. La chambre à coucher est tendue d'étoffe bleue avec des moulures en argent. Une balustrade également en argent la sépare de la bibliothèque; le bureau du roi, tout taché d'encre, son pupitre à musique, ses tableaux favoris sont encore là. A côté s'ouvre le Cabinet des Confidences, dont la porte est double, de manière à étouffer le bruit des conversations. La table à manger, placée sur une trappe, peut descendre à l'office, par l'effet d'un ingénieux mécanisme qui supprime le concours indiscret des domestiques.

La Salle de marbre a un plafond de

Vanloo et de grandes peintures allégoriques qui célèbrent les faits et gestes des Electeurs de Prusse. Dans la Salle de bronze, toute l'ornementation des boiseries est en bronze doré ; la pendule est un cadeau splendide de Mme de Pompadour. Après la chambre à coucher que Napoléon occupa en 1806, c'est celle de Guillaume II, très simple, très bourgeoise, avec une tenture banale à bouquets de fleurs et un petit lit où un collégien se trouverait mal à son aise. Le cabinet de travail du vieil empereur vient ensuite. Sur le bureau, plusieurs volumes uniformes : c'est l'annuaire de l'armée allemande ; en face, accroché au mur, un portrait du premier consul par Lefèvre, et, au-dessous, une petite peinture représentant l'Entrée des cendres de Napoléon aux Invalides. Les autres appartements sont meublés dans le goût de l'Empire ou de la Restauration, et n'offrent aucun détail qui vaille la peine d'être noté.

Une colonnade sépare le château du Lustgarten. Quand on a vu l'église

Saint-Nicolas, édifice moderne à coupole, l'Hôtel de Ville, surmonté d'un Atlas ployant sous un globe doré, l'église de la Garnison, où repose Frédéric II, on a épuisé le cycle restreint des curiosités de la ville. Les rues sont régulièrement tracées, mais tout à fait mortes : c'est un Versailles réduit et très inférieur.

J'entre dans le parc de Sans-Souci par la porte de Brandebourg, à quelques pas de l'église de la Paix dont le plan a été emprunté aux basiliques romaines. Le ciel, menaçant le matin, s'est découvert et le soleil avive l'éclat printanier des frondaisons. L'Hauptallee s'allonge devant moi, en droite ligne, à perte de vue, ombragée par des arbres centenaires. D'un vaste bassin de marbre entouré de statues, la Grande Fontaine lance ses eaux scintillantes jusqu'à une hauteur de trente-cinq mètres. A droite, un majestueux escalier, coupé par six terrasses garnies d'orangers et de lauriers roses, échelonne ses marches sur la pente d'une éminence et conduit au château. Sans-Souci est une petite résidence d'été qui n'a guère d'autre intérêt que celui des souvenirs. Du vestibule on passe dans une salle ovale dont les colonnes monolithes en marbre blanc ont des chapiteaux dorés. Le premier salon, tendu de soie rouge, servait aux audiences de Frédéric II. La pièce suivante était la salle de concert. L'épinette est encore là, à sa place accoutumée, et, sur le pupitre, une sonate — *Sonato per il flauto traverso solo e basso n° 264* — attend toujours le royal exécutant. Des livres, des papiers froissés sont épars sur le bureau. Un couloir mène à une bibliothèque ronde dont les boiseries sont rehaussées de ciselures en bronze. La dernière pièce qu'on visite est la petite galerie de tableaux qui renferme surtout des scènes galantes de Watteau, Pater, Lancret, etc.

Tout près du château s'élève le fameux moulin que Frédéric II avait si grande envie de s'annexer. Les actes de simple justice sont, paraît-il, assez rares en Prusse, puisqu'on juge bon d'en perpétuer le souvenir par un signe matériel. Le moulin, acheté depuis et rebâti par Frédéric-Guillaume IV, est passé à l'état de monument national ; mais je ne suppose pas que personne s'attendrisse encore à la lecture des vers d'Andrieux. Au reste :

.............Ce sont là jeux de prince :
On respecte un moulin, on vole une province.

Plus loin, l'Orangerie déploie son imposante façade couronnée de statues. De la tour qui domine ses terrasses, la vue s'étend sur les verts horizons du Havelland. Les toits gris de Potsdam, le dôme du Nouveau Palais, la rotonde du Belvédère, les ruines postiches du Ruinenberg se montrent au-dessus des grands arbres. Mais l'élément essentiel de tout paysage prussien ne fait pas défaut. Au pied de la colline boisée du Pfingsberg s'étend une plaine nue et poudreuse : c'est l'Exercierplatz.

Je descends au Paradiesgarten, dont les berceaux de verdure cachent un atrium de style grec, au Jardin Sicilien, où s'épanouissent des plantes exotiques, et, après avoir vu la Maison Japonaise, que Frédéric II nommait à plus juste titre la « Maison des singes » à cause de sa décoration, le Bain Romain, le petit château de Charlottenhof, je me trouve dans le voisinage du Nouveau Palais — Friedrichskron, comme on l'appelle aujourd'hui. — Ce grand château de brique est depuis deux jours la résidence de l'empereur Frédéric III, et des factionnaires tiennent le public à distance.

L'Hauptallee, qui me ramène à Potsdam, me charme infiniment. Les hêtres pourprés, les sapins, les mélèzes, les marronniers roses y confondent leurs ramures et tirent de ce sol humide une puissance exceptionnelle de végétation. Les feuilles tamisent les rayons du soleil, qui tombent sur le sable de l'allée comme une pluie d'étoiles. Des statues blanchissent dans les bosquets ou se cachent à demi dans l'ombre projetée par les lilas en fleur. Et, dans le lointain, les vapeurs du jet d'eau coupent la perspective de leur nuage irisé. C'est d'une réelle magnificence ; mais que de moustiques ! Vingt fois j'ai voulu m'asseoir pour jouir en paix de ces riantes échappées, vingt fois les détestables insectes m'ont forcé de déguerpir.

Un tramway me transporte de la place du Château au pont de Glienicke, qui franchit la Havel à l'endroit où elle s'évase pour former le Yungfernsee. De belles nappes d'eau, encadrées par des collines aux molles ondulations, reflètent dans leur miroir bleu les arbres touffus des grands parcs ; des voiles blanches se balancent, un petit vapeur trace son sillage. Laissant à gauche le château du prince Frédéric-Charles enfoui dans la verdure, je traverse le hameau de Glienicke, et, dix minutes après, j'entre dans le parc de Babelsberg.

Guillaume Ier aimait beaucoup ce petit château qu'il avait construit en 1835 et agrandi en 1848. Le style prétend rappeler celui du quinzième siècle, mais il appartient à ce faux gothique qui florissait au temps du romantisme et qui fait plutôt songer aux puériles architectures des confiseurs qu'à la vigoureuse originalité du moyen âge. Un vestibule mesquin donne accès dans un escalier, dont les parois sont couvertes de bois sculptés et de faïences modernes. Quelques salons se succèdent ornés de peintures médiocres et de bronzes style troubadour. Je remarque une pendule dorée sous globe qui représente la cathédrale de Reims. D'une bibliothèque on passe dans une haute salle ronde, très gaie, très lumineuse, d'où il semble qu'on va toucher, par les grandes baies, l'éblouissante verdure des jardins. Une autre salle à solives apparentes, décorée de panoplies, et plusieurs petits salons, où sont appendus quelques tableaux, complètent le premier étage.

Au deuxième étage, ce sont les appartements privés. Le mobilier en est d'une invraisemblable simplicité. Quelques bibelots sans valeur, des verres de

Bohême, des cadres modestes en sont les seuls ornements. La chambre à coucher de l'empereur défunt est meublée en pitch-pin ; les murs sont peints en gris, le lit est étroit ; des aquarelles rappellent les batailles auxquelles le vieux monarque a assisté. Son cabinet n'est guère plus luxueux. Le bureau, toujours pseudo-gothique, est chargé de livres, de photographies de famille. Un chevalet porte un portrait au crayon de l'impératrice Augusta. Pas la moindre recherche d'élégance et de confort, pas un indice de goûts artistiques. Le maître du logis n'aimait pas le détail inutile. Ce qui lui plaisait avant tout, c'était le charme du site. Des fenêtres, on découvre toute l'étendue de la Havel et du Yungfernsee, séparés par le pont rougeâtre de Glienicke. La robuste végétation du parc repousse vivement les seconds plans et prête à la fuyante perspective des lacs une extrême légèreté de ton.

Je repasse le pont de Glienicke, et, suivant la rive du Yungfernsee, j'arrive au pont des Cygnes jeté sur un canal qui met le lac en communication avec le Heiligersee. Au bord de ce dernier lac s'élève une autre résidence royale, le Palais de Marbre — Marmor Palais — assez improprement nommé, puisqu'il est en brique. Le Neu Garten qui l'entoure offre de beaux ombrages ; mais il ne saurait être question de visiter les appartements. Le Kronprinz Guillaume s'est installé au palais avant-hier, et des sentinelles gardent les abords.

Par la rue Capellenberg, entre deux lignes de jardins et de villas, je me dirige vers le Pfingstberg. A gauche s'éparpillent dans les cultures une douzaine d'isbas construites en rondins : c'est la colonie russe Alexandrowka, qu'une chapelle grecque avoisine. Un grand édifice dans le goût italien, avec portiques, terrasses, tours carrées, larges escaliers, occupe le sommet de la colline. La villa dont il devait constituer un élément décoratif n'a jamais été bâtie. Du haut des tours, on plane sur un océan de verdure, où les dômes des arbres s'arrondissent confusément comme des vagues moutonnantes. A l'est et au midi, une demi-douzaine de lacs décrivent leurs courbes harmonieuses. Quelques voiles en tachent les calmes surfaces, dont l'azur s'altère au déclin du jour et prend les reflets de l'acier. Babelsberg élève ses tours crénelées, Potsdam apparaît tout entière, l'Orangerie couronne noblement son éminence, la coupole de Friedrichskron perce les futaies. Des hauteurs boisées dessinent le cercle de l'horizon et arrêtent le regard, quand il a glissé sur les eaux de la Havel et sur les masses touffues des jardins. Il y a de la grandeur dans ce paysage, et aussi, malgré le ciel bleu, malgré le soleil s'abaissant dans un poudroiement d'or, cette pointe de mélancolie qui caractérise toujours les sites du nord.

Au retour je vois filer, dans la direction de Sans-Souci, une victoria où se trouvent deux officiers. L'un d'eux, jeune, blond, mince, très sérieux, très sec, répond d'un geste automatique aux saluts qui lui sont adressés. Un prince, sans doute. En arrivant à Berlin, je saisissais la poignée de la portière, quand un employé me fait signe de ne pas descendre. Deux autres approchent en même temps du compartiment voisin un marchepied recouvert de velours rouge. L'officier que j'apercevais tout à l'heure à Postdam descend avec une jeune femme blonde et de traits réguliers, vêtue de noir. J'apprends que c'est le prince héréditaire de Saxe-Meiningen et la princesse, fille aînée de Frédéric III. Ce gendre impérial a une belle raideur, et le mariage en a fait un Prussien très complet.

Vingt kilomètres de promenade à pied dans les parcs de Potsdam n'ont pas épuisé mon ardeur. Je vais au Thiergarten, le bois de Boulogne à l'usage des Berlinois. La grande allée, à peu près longue comme nos Champs-Elysées, aboutit à Charlottenbourg. Une autre allée, celle de la Victoire, tombe sur la Place Royale. Au milieu de cette place, embellie par des jardins et des fontaines jaillissantes, s'élève la Colonne de la Victoire, érigée après 1871 et destinée à consacrer le souvenir des campagnes de la Prusse. Sur huit degrés repose un socle carré, orné de bas-reliefs en bronze, la Guerre de Danemark, Sadowa, Sedan, et la Rentrée des troupes en 1871. Au-dessus de ce socle règne une galerie circulaire dont les seize colonnes doriques entourent la base de la colonne. Une mosaïque représentant l'Etablissement de l'empire d'Allemagne en décore la paroi. Puis, surgissant de la colonnade, la colonne elle-même se dresse en forme de tour, cannelée, flanquée de canons dorés en saillie comme les proues des colonnes rostrales. Au sommet, une épaisse Borussia, également dorée, se détache crûment sur le ciel.

Je fais taire toutes mes préventions devant ce monument et je m'efforce de l'envisager au simple point de vue de l'art. Eh bien ! l'impartialité ne peut pas me le faire trouver beau. L'architecture est d'une lourdeur prétentieuse et la Borussia a tout l'air d'une virago qu'on n'aimerait pas à rencontrer au coin d'un bois. Mais qu'importe? les bourgeois qui se pressent autour de la colonne l'admirent fort. Chaque bas-relief est l'objet de commentaires. Je regarde celui de Sedan. Guillaume est à cheval suivi par MM. de Bismarck, de Moltke et de Roon. Un officier français lui remet une aigle, et des personnages accessoires, un zouave, un lignard débraillé symbolisent notre armée. Ailleurs, c'est encore Guillaume, et toujours, l'accompagnant comme son ombre, la même trinité de figures hautaines et dures. Si le monument pèche par le goût, il faut reconnaître qu'il est très pratique. Au lieu de cacher les victoires dans les airs, comme notre Colonne Vendôme, dont personne n'a jamais vu les reliefs en spirale, il les étale d'une façon très claire, très sommaire, très intelligible. Il suffit de faire le tour du socle pour connaître les fastes de la Prusse contemporaine. Les bas-reliefs les incrustent dans l'œil et dans la mémoire des promeneurs, tandis qu'en haut la statue allégorique, rude, sauvage, massive, écrasante, personnifie avec une sinistre vérité la Borussia moderne.

4 juin.

Un tramway me conduit de bonne heure, par la grande allée du Thiergarten, à Charlottenbourg. Le château, qui date des premières années du dix-huitième siècle, se compose d'un corps de bâtiment central, badigeonné de jaune et surmonté de l'inévitable dôme, avec deux ailes en retour. A cette heure matinale, une fraîcheur délicieuse règne dans les jardins. Je me rends au Mausolée pour voir les tombeaux de la reine Louise et du roi Frédéric-Guillaume III, dont les statues passent pour être le chef-d'œuvre de Rauch. Mais le petit temple de porphyre ne se visite plus depuis que le corps de Guillaume Ier y a été déposé. Il ne fait pas bon d'ailleurs à parlementer longtemps, car l'endroit est infesté de moustiques et, quelque illustres que soient les cendres dont il a la garde, le sort du concierge ne me paraît pas enviable, si j'en juge par les piqûres dont j'ai été criblé en un instant.

On n'entre pas davantage au château. L'empereur l'a quitté le 1er juin et les domestiques s'occupent à rouler les tapis. Est-ce au Nouveau Palais que Frédéric III veut mourir? De l'aveu de tous, ses derniers moments sont proches, et cependant les journaux rendent compte avec une sérénité imperturbable de ses promenades, de ses visites de famille, de ses réceptions et même des discours que prononce cet empereur sans larynx. Une feuille qui me tombe entre les mains rapporte minutieusement l'emploi de la journée d'hier. A onze heures, à l'heure même où j'entrais dans le parc de Sans-Souci, l'empereur et l'impératrice se promenaient en voiture dans les jardins de Friedrichskron. A midi, à l'issue d'un office, l'empereur a reçu les choristes dans la Salle des Coquillages et leur a « exprimé — aussprechen — sa satisfaction en termes pleins de cordialité. » A deux heures, il a reçu à dîner la kronprincesse Guillaume, le prince et la princesse de Saxe-Meiningen, le prince Radolin et l'ambassadeur de Russie. A six heures, accompagné de l'impératrice et de ses filles, suivi de sir Morell Mackensie et d'un aide de camp, il s'est rendu par le grand chemin de Sans-Souci au Palais de Marbre. De retour à Friedrichskron, il a reçu la visite de sa tante la duchesse Guillaume de Mecklembourg, née princesse Alexandrine de Prusse et sœur de l'empereur Guillaume Ier. Il s'est ensuite promené en voiture aux alentours du château, puis à pied dans le parc, accompagné de l'impératrice et de ses filles. Et le journal ajoute que « l'état du souverain est satisfaisant. » Voilà en tout cas bien des allées et venues pour un homme dont la mort n'est plus qu'une question de jours.

Le tramway me ramène dans le voisinage de la Synagogue. Un dôme doré, haut de quarante-huit mètres, couronne ce bel édifice de style moresque. L'intérieur est très riche et très élégant ; mais il ne s'ouvre que pour les offices de quelque importance. Habituellement, c'est le vestibule ou petite synagogue qui sert au culte.

Le château de Monbijou loge le musée Hohenzollern, où tous les souvenirs de la famille royale sont conservés avec un pieux respect. Plusieurs salles ont été consacrées à l'empereur Guillaume et à l'impératrice Augusta. Une table ronde moderne, incrustée de cuivre et d'écaille, est celle sur laquelle Napoléon III signa, au palais de Saint-Cloud, la déclaration de guerre. Les vitrines sont remplies d'adresses à Guillaume, calligraphiées, ornementées, enluminées.

Une autre salle est encombrée de couronnes et de bannières envoyées par les villes allemandes aux funérailles de l'empereur. Dans les salles de Frédéric-

Guillaume IV et de la reine Elisabeth, des portraits d'artistes et de savants, Humboldt, Schadow, Mendelssohn, etc. La salle de la reine Louise possède une foule de portraits, assez différents d'ailleurs, de cette belle souveraine, ses meubles favoris, ses toilettes ; un petit berceau modeste, revêtu de soie verte, est celui de son second fils qui fut l'empereur Guillaume.

Dans la salle de Frédéric-Guillaume III, des décorations, des objets de gala, parmi lesquels je remarque avec une certaine surprise les éperons d'or du pape Pie VII.

Mais les plus curieux appartements sont ceux de Frédéric II. Le roi revit au milieu de ses armes et de ses meubles. Voici, dans sa chambre tendue de soie imprimée, son bureau, ses tabatières, sa flûte de voyage, ses compositions musicales, etc. Et il est là lui-même dans une vitrine, assis dans son propre fauteuil, vêtu d'un vieil uniforme bleu à collet rouge et d'une culotte de velours noir. Cette cire est assez saisissante. Une autre cire représente le roi à l'âge de sept ou huit ans.

De la salle de la reine Sophie-Dorothée, sa mère, on passe dans une longue galerie décorée de porcelaines et de bustes royaux. Une chapelle renferme quelques sculptures et notamment les modèles en plâtre des monuments de Frédéric-Guillaume III et de la reine Louise, dont je n'ai pu voir les originaux à Charlottenbourg. La figure couchée de la reine est d'une admirable beauté. Ce n'est pas la mort que le statuaire a exprimée, c'est la sérénité du sommeil hanté par la vision d'une vie meilleure.

La salle de Frédéric-Guillaume Ier offre moins d'intérêt. Le bassin en pierre dont ce prince peu raffiné se servait pour sa toilette, les tables et les chaises de son fumoir, ses nombreuses pipes, tout est classé avec une minutie qui va jusqu'à l'enfantillage. Les dernières salles sont celles de Frédéric Ier et du Grand Electeur, dont les portraits en cire permettent de constater que le type des Hohenzollern s'est exactement maintenu.

Je visite ensuite le Château royal. Une trentaine de personnes attendent au pied du grand escalier qu'une fournée d'autres visiteurs ait été expédiée. Des billets d'entrée sont distribués dans la cour, moyennant un demi-mark. C'est l'habitude ici, comme partout où j'ai passé, d'exiger un petit droit. Je ne verrais pas d'inconvénient à ce qu'on l'adoptât chez nous. Il est inutile de faire gratuitement aux étrangers les honneurs de nos monuments publics, puisqu'ils nous font payer l'accès des leurs. Du reste, le tarif est assez bas pour n'effrayer aucun visiteur, et il est assez élevé pour écarter les vagabonds en quête d'un abri passager.

Les appartements royaux sont d'une extrême magnificence, et, si leur décoration surchargée offense quelquefois le goût, elle doit néanmoins s'harmoniser assez bien avec le luxe des uniformes et le scintillement des costumes officiels. Sans m'arrêter aux Chambres de parade, à la Chambre du Drap d'Or, à celle de l'Aigle rouge, j'arrive tout de suite à la salle des Chevaliers, qui est, avec la salle Blanche, le théâtre des grandes fêtes de la cour. Le style rococo triomphe dans l'ornementation. Au-dessus des portes latérales, Schlüter a sculpté les groupes des quatre parties du monde. Une tribune plaquée d'argent domine la salle. D'un côté s'élève le trône royal en argent massif, au-dessus duquel resplendit un bouclier de même métal, offert par la ville de Berlin au roi Frédéric-Guillaume IV ; de l'autre côté, un buffet chargé de vaisselle d'or et d'argent. Il y a là des pièces du moyen âge et de la Renaissance infiniment curieuses : aiguières, drageoirs, hanaps, gobelets pédiculés à couvercles, etc. ; mais le moyen de les admirer, quand le « castellan » poursuit sa course, sans faire grâce d'un détail et sans donner le temps d'en examiner un seul ?

Quand on a vu ensuite la salle de

l'Aigle noir avec un tableau de Camphausen, *Frédéric II et ses généraux*, la chambre de Velours rouge et ses portraits, l'ancienne chapelle, on pénètre dans la Galerie de tableaux. Pierre le Grand et Soliman II, Charles Ier et la reine Henriette ont l'air d'intrus dans cette société de Hohenzollern. Le public regarde de préférence *Guillaume Ier à Sadowa, Guillaume Ier proclamé empereur à Versailles, Guillaume Ier rentrant à Berlin*, etc. La salle Blanche est le terme de la visite. Elle a de grandes dimensions, trente et un mètres de long, treize mètres de haut. Douze statues en marbre des Electeurs de Brandebourg sont là pour rappeler le passé de la monarchie, et une Victoire assise de Rauch semble présider cette assemblée princière. La salle Blanche sert, comme la salle des Chevaliers, aux réceptions solennelles et aux ouvertures des sessions du Parlement.

Il ne reste plus à voir que la chapelle, dont le dôme projette à soixante-dix mètres de hauteur ses lignes bulbeuses.

Les murs sont revêtus de marbres précieux, l'autel est en albâtre jaune d'Egypte, la chaire et les candélabres en marbre de Carrare; des fresques sur fond d'or couvrent les piliers; des peintures sans nombre décorent la coupole. Mais tout cela est prodigieusement froid. Les compartiments dans lesquels s'enchâssent les peintures ont une disposition rigoureusement géométrique dont l'art s'accommode mal, l'éclat des marbres glace le regard, et toute cette richesse ne laisse qu'une impression médiocre.

Le café Bauer, où je vais déjeuner, jouit à Berlin d'une véritable célébrité. Il faut y aller, m'a dit un Prussien, « parce que tout le monde y va. » La salle n'est ni bien vaste ni bien claire; mais elle est décorée de fresques d'une réelle valeur dues aux peintres Wilberg et de Werner. Toutes les tables sont occupées. Je n'ai pas encore vu d'heure où les cafés chômassent. On y lunche aussitôt qu'on a fini de déjeuner, on dîne peu après, et, sans parler de ce qu'on absorbe pour amuser ces courts entr'actes, le souper ne se fait guère attendre. C'est à croire que les estomacs tudesques sont munis de doubles poches.

Les musées royaux sont fermés aujourd'hui lundi. Seule, la Galerie Nationale ouvre ses portes d'une heure à trois heures. J'y entre avec l'espoir de passer ce laps de temps dans les régions sereines de l'art, et voilà qu'à peine en ai-je franchi le seuil, la politique, l'affreuse politique prussienne me saisit au collet. Une des premières toiles que j'aperçois est le *Portrait du prince de Bismarck à la tribune* par Franz de Lenbach. Ce n'est pas un orateur qui plaide sa cause, c'est un maître impérieux qui dicte ses volontés. Quand je me détourne de cette face de dogue irrité, c'est pour me rencontrer avec le *Feld-maréchal de Moltke*. Faut-il fuir? Non, car le *Feld-maréchal de Roon* et le *Feld-maréchal de Manteuffel* me guettent au passage. Et naturellement des batailles s'engagent autour de ces hommes de guerre. Camphausen, qui a du talent d'ailleurs et l'entente des grandes scènes, a représenté *Düppel après l'assaut*; Bleibtreu et O. de Heyden ont choisi la *Bataille de Königgrätz*; Franz Adam a retracé une *Charge de cavalerie à Sedan*. L'esprit prussien se retrouve tout entier dans cette prépondérance donnée aux sujets militaires. La question d'art est ici secondaire. L'objectif, c'est de frapper constamment le public et de lui graver dans l'esprit les gloires nationales. Promène-t-on ses loisirs au Thiergarten? La Colonne de la Victoire attire invinciblement les regards, ne serait-ce que par sa masse encombrante. Va-t-on au musée pour goûter les joies pures de l'esthétique? On y retrouve le sinistre trio, Bismarck, de Roon, de Moltke.

L'école allemande moderne échappe à un jugement d'ensemble. Tous les styles, toutes les manières, tous les pastiches surtout se heurtent dans cette exhibition. C'est la confusion même. Les œuvres qui datent du premier tiers du siècle paraissent bien démodées.

Les six *Paysages bibliques* de Schirmer appartiennent à cette école qui réputait l'intention pour le fait et l'idée pour l'exécution. Quand on regarde le *Jésus dans les limbes*, de Cornélius, son *Groupe allégorique*, son *Hagen jetant dans le Rhin le trésor des Niebelungen*, on se demande pourquoi le maître s'est avisé de peindre. S'il n'avait jamais touché une brosse, sa réputation y aurait évidemment gagné. Le *Mariage de la Vierge*, d'Overbeck, éveille une impression analogue. Devant cette fausse naïveté, devant cette simplicité cherchée avec tant d'efforts, on s'étonne du mal que le pieux artiste s'est donné pour refaire médiocrement ce que les maîtres primitifs avaient si bien fait.

L'école de Düsseldorf compte pourtant quelques jolies toiles. Hildebrandt a rendu avec un sentiment vraiment tragique la *Mort des enfants d'Édouard*.

Il a mis aussi du charme et de la tendresse dans le *Guerrier et son fils*.

La facture des artistes contemporains qui ont secoué le joug de la peinture dogmatique se rapproche beaucoup des procédés de notre école. La *Fête d'enfants* de Knauss, le *Roi de l'oiseau* de Meyerheim, sont d'une touche délicate et spirituelle. Le *Féroce chasseur* de Henneberg, emporté par le galop furieux de son cheval, traverse comme un ouragan, avec ses compagnons et ses piqueurs, les champs chargés de moissons, claquant du fouet et renversant sous les pieds de sa monture les paysans désespérés. C'est une brillante illustration de la ballade de Bürger. Le *Concert de flûte* et la *Table ronde de Sans-Souci*, de Menzel, le peintre attitré de Frédéric II, sont très populaires en Allemagne. Dieu sait pourtant si la couleur en est déplaisante ! J'aime mieux la *Forge* qui a été envoyée à notre Exposition universelle de 1878. Menzel a fait preuve d'un esprit d'observation très fin et d'une sincérité presque audacieuse en représentant, dans le jour terne et froid de l'usine, tout un monde d'ouvriers qui, les yeux dilatés par l'éclat des fers rouges, travaillent et se démènent entre les fourneaux et les machines. C'est d'une vie intense et d'une note bien moderne.

Une grande salle à coupole renferme les portraits de Guillaume Ier et d'Augusta, exécutés en 1876 par Plockhorst Ce sont les derniers portraits officiels des vieux souverains.

J'arrive à la salle de Cornélius. Pour être véridique, je constate qu'il y règne une respectueuse solitude. Intimidé par ces vastes cartons, le public préfère contempler les dieux du jour, Bismarck, de Moltke, etc. L'œuvre de Cornélius est pourtant d'une réelle beauté. La *Résurrection de la chair*, le *Jugement dernier*, la *Descente du Saint-Esprit* témoignent d'une haute conception. Les *Cavaliers* de l'Apocalypse, surtout, ont une expression surhumaine, et l'effet d'épouvante que l'artiste a cherché à produire est en parfait accord avec le sujet. Dans une seconde salle, ornée du buste en bronze doré de Cornélius, on retrouve les cartons de la Glyptothèque de Munich. Le plus remarquable est celui qui représente la *Destruction de Troie*. Là encore le maître s'est efforcé d'être terrifiant ; mais quelle exagération dans le dessin ! et quelle recherche fatigante de l'effet dramatique !

Je varie mes plaisirs en visitant ensuite l'Aquarium établi sur l'avenue des Tilleuls. Des hippocampes flottent derrière ses glaces, des anémones de mer ouvrent et referment leurs corolles, des pieuvres déploient leurs tentacules. Quelques singes se visitent réciproquement la tête ; un orang-outang tout noir, l'œil mauvais, joue avec une couverture. Pour compléter mes notions d'histoire naturelle, je me rends au Jardin Zoologique. L'aménagement en est parfait. Les animaux n'y sont pas cloitrés dans de tristes cages, comme celles de notre Jardin des Plantes. Chacun a son palais, et le style de ces petits monuments rappelle le pays natal de leurs habitants. Une pagode indoue élève ses dômes au milieu des arbres : c'est le logis des éléphants, qui pourraient se croire à Siam, si le climat ne se chargeait de leur apprendre qu'ils vivent sous une tout autre latitude. Les antilopes résident dans un palais moresque, comme les gazelles favorites des califes de Cordoue. Des lions arpentent d'un pas égal une vaste loge grillée. Une lionne dort et un peintre profite de son sommeil pour en brosser rapidement une étude. Naturellement le public boit et mange. Un restaurant disperse ses petites tables sous les arbres, en face d'un kiosque où un orchestre se fait entendre. C'est l'heure du café au lait glacé. Les enfants sont nombreux : mais ils ne s'amusent pas partout.

En ce pays formaliste, rien n'est abandonné au caprice individuel. Si les enfants veulent jouer, ils ne doivent pas s'écarter des places qui leur sont assignées et que leur indique un écriteau : « Place pour les jeux d'enfants — Kinderspiel. »

La partie du Thiergarten qui avoisine le Jardin Zoologique offre des sites charmants. Des cours d'eau s'évasent, enserrent de petites iles, forment des lacs aux capricieuses échancrures que sillonnent les barques des promeneurs. Les arbres trempent leurs branches dans l'onde immobile et y puisent une étonnante vigueur. C'est bien un peu marécageux ; mais, par ce beau soleil et cette chaude température, on ne s'en aperçoit guère.

La Place Royale, où me ramène un tramway, sera d'ici à quelques années le rendez-vous des parlementaires. On construit actuellement, en face de la Colonne de la Victoire, un palais du Reichstag dont la première pierre a été posée, en 1884, par l'empereur Guillaume. Vingt-cinq millions, dit-on, ont été déjà engloutis dans cette lourde bâtisse, qui est encore loin d'être terminée. De l'autre côté se trouve le Kroll's Etablissement. Au fond, la place d'Alsen, ornée de parterres et de fontaines, est bordée par les rues de Bismarck, de Moltke et de Roon — toujours le trio. — Un des côtés de cette place est occupé par l'hôtel de l'Etat-major, grande construction d'allure sévère, achevée il y a une dizaine d'années. C'est là que le comte de Moltke élabore ses plans de campagne, à quelques mètres des jardins de Kroll, le rendez-vous du Berlin qui s'amuse. Et le soir, comme on l'a remarqué plus d'une fois, tandis que les bosquets resplendissent de mille feux, tandis que leur population joyeuse boit, mange et danse au son des orchestres, une lampe modeste, laissant filtrer sa lueur rouge par une fenêtre du deuxième étage, éclaire le vieux tacticien penché sur ses cartes.

Je dîne à Kroll. Les allées sont bordées d'arceaux légers en fer auxquels se suspendent des plantes grimpantes et dont une brillante illumination dessine, à la tombée de la nuit, les lignes architecturales. Une longue galerie ouverte d'un côté est affectée au restaurant. Le bâtiment renferme plusieurs salles spacieuses et un théâtre. On y joue, ce soir, la *Flûte enchantée*. A tous les entr'actes, les spectateurs sortent pour se jeter sur la victuaille. Un bar leur débite de petits plats à un demi-marc, un aloyau, une galantine, un homard mayonnaise, etc., et ils engouffrent ces « délicatessen » pour se préparer à mieux goûter les beautés de Mozart.

A neuf heures tout s'embrase ; des fleurs lumineuses s'épanouissent dans les parterres, et les cordons de gaz qui tracent les courbes des arceaux se reflètent dans des glaces qui agrandissent indéfiniment le jardin.

A la brasserie Zum Franciscaner établie sous le viaduc du Métropolitain, c'est un autre spectacle. Le local est d'assez modeste apparence ; mais, quand on a traversé deux ou trois salles à peu près désertes, on débouche tout à coup dans un jardin où des centaines de consommateurs vident des chopes et se gorgent de charcuterie. Les mâchoires fonctionnent bruyamment, les pains au jambon craquent sous les dents, les saucisses mêlent leurs fumets à l'odeur de la bière qui coule à flots. C'est grandiose à force de gloutonnerie. Quelles bouches ! Quels estomacs ! Quel peuple !

5 juin.

Il y a huit ou neuf ans, l'Arsenal a été **transformé** en musée d'Artillerie et en galerie de la Gloire — Ruhmeshalle. — Au rez-de-chaussée, trois salles renferment des collections d'armes à feu et des plans en relief de places fortes françaises rapportés en 1814, Strasbourg, Bitche, Cambrai, Sedan, Maubeuge, Avesnes. Un relief curieux montre Paris tel qu'il était au commencement du siècle. Dans la cour vitrée, sous l'œil d'une Borussia gigantesque, je retrouve nos canons. Hélas !

les noms de ces engins ne les ont pas sauvés. Le *Malin*, le *Subtil*, le *Délicat*, le *Favori* ont subi le sort commun, tout comme l'*Aveugle*, le mieux nommé de tous.

Un double escalier monte à la galerie de la Gloire, qui comprend trois parties : au milieu, la salle des Souverains, à droite et à gauche les salles des Généraux. Rien n'a été épargné pour donner de l'éclat à la décoration. De grands bustes en bronze doré scintillent de toutes parts ; des marbres rouges revêtent les piliers ; des fonds d'or détachent les peintures des voûtes. Dans la salle des Souverains, une statue de la Victoire trône au milieu des bustes des rois de Prusse, et trois grandes fresques, œuvres de Camphausen, de Bleibtreu et de Werner retracent les principaux épisodes de la campagne de 1870, l'*Infanterie prussienne à Gravelotte*, *Guillaume félicitant le Kronprinz Frédéric*, et la *Capitulation de Sedan*, à l'heure où le général Reille, s'incline, tête nue, devant Guillaume et ses généraux, raides et casqués. Dans une des salles latérales, les généraux contemporains, Frédéric-Charles, Manteuffel, Göben, Moltke, Werder triomphent sur leurs gaines de marbre; dans l'autre, décorée de trois fresques qui rappellent les batailles de Turin, de Fehrbellin et du Hâvre-de-Courlande, ce sont les bustes des généraux des siècles précédents, Schwerin, Sparr, Anhalt-Dessau, etc.

Les salles de l'étage supérieur contiennent le reste de la collection d'armes; mais je ne veux noter que la facilité avec laquelle on entre à l'Arsenal. On n'a qu'à pousser une porte, sous les Tilleuls, au cœur de la ville, et, sans qu'aucune rétribution soit demandée, on visite librement cette exposition où tout parle des campagnes heureuses de la Prusse. Y a-t-il rien de plus éloquent que ces canons alignés dans la cour vitrée? Et quand le visiteur allemand entre dans la Ruhmeshalle, comment ne serait-il pas impressionné par les images éclatantes de ces généraux presque déifiés dans une radieuse apothéose? La mise en scène est bien calculée et ne saurait manquer son effet.

Cinq minutes après, je suis au Vieux Musée. Je ne perds pas un temps précieux à déchiffrer les fresques exécutées à l'extérieur, sous la direction de Cornélius. Il paraît qu'elles représentent *le Monde sortant du chaos* et l'*Histoire de la civilisation*. Les intentions peuvent avoir été bonnes; mais le chaos de la composition dépasse certainement celui que le monde offrait à son origine. C'est un inextricable fouillis de bras et de jambes, et il faut être Allemand pour réussir à en dégager une idée philosophique.

Une rotonde, à l'entrée, abrite les célèbres marbres de Pergame. Ce sont deux groupes et de nombreux fragments de la frise qui décorait l'autel colossal élevé à Jupiter, sur les hauteurs de l'Acropole, par Attale Ier ou par Eumène. Ils ont été découverts, en 1879, par l'ingénieur Humann et représentent la

Défaite des Géants par les Dieux. Ces sculptures, exécutées en haut relief, quelquefois même en ronde-bosse, n'ont pas la belle simplicité des figures du Parthénon ; la facture en est inégale ; la recherche de l'expression dramatique est poussée jusqu'à l'outrance ; mais le mouvement général, l'emportement des gestes, la passion qui contracte les traits témoignent d'une imagination puissante servie par une extrême habileté de main. Le groupe de Jupiter foudroyant trois Géants, renversés et luttant encore, a des lignes superbes et constitue un morceau de premier choix.

En dehors de cet ensemble considérable que la Prusse a su trouver et acquérir, la sculpture antique n'est plus guère représentée que par des ouvrages de second ordre. Passant rapidement entre les dieux et les empereurs, insensible aux attraits des muses et des bacchantes romaines, je m'arrête plus longuement dans les salles du moyen âge et de la Renaissance. Berlin possède là une collection sans rivale qui s'est développée surtout dans les quinze dernières années et qui permet de suivre les étapes de l'art si sincère et si vivant des *quattrocentisti* florentins. Un *Saint Jean-Baptiste* en bronze, de Donatello, vieux, laid, anguleux, rend avec une vérité qui va jusqu'au naturalisme le type conçu par le sculpteur : un homme inspiré d'en haut qui se couvre d'étoffes grossières et qui se nourrit de sauterelles. Le buste en marbre de *Marietta Strozzi*, attribué longtemps à Desiderio da Settignano, auteur de deux autres bustes de femmes, suffirait à la gloire d'un musée. Tout y est réuni, le charme de l'expression, le goût exquis de l'arrangement, l'habileté impeccable de l'exécution. Un groupe en terre cuite peinte de Benedetto da Majano, *la Vierge et l'Enfant*, n'est peut-être pas moins précieux. Un buste de *Jeune fille* de Mino de Fiesole a la fraîcheur souriante qu'on retrouve dans les ouvrages de ce maître, tandis que son buste de *Nicolas Strozzi* accuse avec une rare franchise la personnalité du modèle.

Michel-Ange enfin est représenté par une œuvre de sa jeunesse, un *Saint Jean-Baptiste* provenant du palais Rosselmini de Pise et acquis en 1879. Il a posé et modelé sa figure avec une recherche manifeste de la réalité et un parfait dédain de la beauté académique. Ce n'est plus le prophète émacié et vraiment typique de Donatello, c'est un adolescent aux formes délicates qui mange du miel et dont aucune mission divine ne paraît troubler l'appétit.

Un escalier établit une communication entre le Vieux Musée et le Nouveau Musée. Au rez-de-chaussée de ce dernier édifice, le Musée Egyptien compte une demi-douzaine de salles bien aménagées. Le premier étage est occupé par la Collection des plâtres, dont la disposition est également très heureuse. Tous les moulages des grandes œuvres se retrouvent là sous un jour favorable et avec un classement qui ne nuit en rien à l'effet pittoresque.

Au même étage, l'Antiquarium renferme les objets de prix, petits bronzes, terres cuites, bijoux grecs et romains, camées, intailles, etc. Une vitrine recèle le trésor d'Hildesheim, cet incomparable spécimen de l'orfèvrerie romaine, trouvé par des soldats prussiens le 17 octobre 1868. On avait cru d'abord que c'était le service de table de Varus ; mais cette opinion n'a plus cours. Toutes ces pièces seraient d'une époque postérieure.

La reproduction galvanoplastique qui en a été faite par la maison Christophle et que possède le musée de Cluny les a vulgarisées. La plus remarquable est évidemment la grande patère au fond de laquelle Minerve assise se détache en haut relief avec une combinaison d'or et d'argent qui produit le plus séduisant effet. L'*Hercule enfant* étouffant des serpents est également d'une belle venue. Mais la pièce la plus fine est une coupe ornée de guirlandes attachées à des thyrses que soutient une bandelette nouée. C'est une merveille de grâce et d'élégance.

Le grand escalier du Nouveau Musée est célèbre en Allemagne. Guillaume de Kaulbach a représenté sur ses vastes parois les principaux événements de l'histoire. Je connaissais deux des cartons qui ont servi à l'exécution de ces peintures en « stéréochromie ». La *Tour de Babel* avait figuré à l'exposition universelle de 1855, et l'*Epoque de la Réforme* à celle de 1867. Sachant ce que deviennent de semblables conceptions, quand elles passent par le pinceau d'un Cornélius, je craignais d'être fortement désappointé. Eh bien! non, Kaulbach n'ignore ni le modelé, ni le clair-obscur, et, si sa couleur n'a pas la légèreté de tons qui sied si bien à la fresque, elle n'est pas non plus absolument désagréable. La logique et la clarté règnent dans ses compositions savamment équilibrées. Parfois même un souffle grandiose les anime. Seulement l'influence des maitres du passé s'y trahit avec trop d'évidence. Jamais, par exemple, Kaulbach n'eût trouvé l'*Epoque de la Réforme*, si Raphaël n'avait laissé l'*Ecole d'Athènes*.

L'installation de la Galerie de peinture est excellente. Bel éclairage, salles de moyenne dimension, cabinets pour les petites toiles, rien n'a été négligé pour l'agrément du visiteur et la mise en valeur des tableaux.

L'école italienne est brillamment représentée. Sandro Botticelli a deux curieux portraits, *Julien de Médicis* et la *Belle Simonetta*. Le *Saint Marc guérissant Anianus* qui s'est percé la main de son alène, œuvre superbe de Cima de Conegliano, est une scène purement vénitienne, un médecin soignant un cordonnier; mais l'expression du blessé est d'une vérité que les modernes, si épris de réalisme, n'ont jamais dépassée. Le *Jugement dernier* de Fra Angelico est empreint de cette suavité qui est comme le cachet du moine de San Marco. Je n'en veux noter qu'un détail :

beaucoup de dominicains, — et rien que des dominicains, — sont sur le chemin du paradis, tandis qu'un certain nombre de franciscains prennent la direction de l'enfer. Une *Annonciation* de Pollajuolo a pour théâtre un palais somptueux avec des piliers finement sculptés et des marbres de couleur. Les figures sont sèches et creuses, les attitudes assez gauches ; mais, par les fenêtres géminées, se montre au loin, traitée du pinceau le plus délicat, la perspective de Florence, dont on reconnaît le Dôme, le Campanile et les riants alentours.

Cinq madones sont des œuvres de jeunesse de Raphaël. Celle qu'on nomme la *Vierge de la Casa Colonna* est charmante de grâce et de pureté. Celle dite la *Vierge du duc de Terranuova* date de l'époque où le maître commença à s'éloigner de la manière du Pérugin.

Les Vénitiens comptent de beaux portraits, Jean de Calcar, Moroni, Palma le Vieux, Titien surtout, qui a représenté sa fille Lavinia, élevant au-dessus de sa tête une corbeille de fruits.

La *Léda* du Corrège est très connue par la gravure. J'en admirais l'apparente conservation, quand m'est revenue à l'esprit l'histoire de ce tableau qui, avec l'*Io* du même maître, fit autrefois partie de la galerie d'Orléans. Un jour, dans un étrange accès de scrupule, le duc Louis, fils du Régent, coupa les têtes des nymphes, les jeta au feu et mit les toiles en pièces. Coypel parvint à en sauver les débris et repeignit les têtes à sa façon. Plus tard, Denon accomplit une autre restauration ; plus tard encore, un peintre de Berlin refit la tête de Léda. Bref, l'état de conservation qui m'avait frappé est une pure illusion, et le tableau a subi de telles péripéties que Corrège lui-même aurait peut-être quelque peine à le reconnaître.

Murillo et Velazquez personnifient l'école espagnole. Le premier a peint avec la plus riche couleur et la plus exquise tendresse *Saint Antoine de*

Padoue baisant l'Enfant Jésus. Le second a représenté le *Général Borro*, vainqueur d'Urbain VIII, foulant aux pieds le drapeau des Barberini. Ce gros bonhomme à menton de chanoine semble exulter de satisfaction. Est-ce pour avoir contrarié les Barberini ? ou pour avoir été reproduit avec un aussi prodigieux talent ?

Des *Portraits de la famille Jabach*, par Lebrun, des paysages classiques, du Poussin et de Claude Lorrain, font le plus grand honneur à l'école française ; mais j'ai hâte d'aborder l'école allemande et l'école des Pays-Bas, dont les œuvres, tout à fait supérieures, constituent l'intérêt capital du musée.

Voici d'abord le *Portrait de Jérôme Holzschuher*, maire de Nuremberg, par Albert Dürer. Le caractère de ce vieillard à longs cheveux et à barbe blanche se révèle tout entier dans ses yeux pénétrants, qui s'enfoncent, comme deux vrilles, dans ceux du spectateur. Une belle harmonie enveloppe cette figure, et cependant le maître n'a sacrifié aucun détail. On peut s'amuser à compter les cheveux, les poils de la barbe, ceux de la fourrure du vêtement. A peine un miniaturiste arriverait-il à ce degré de perfection qui ne nuit nullement à l'ampleur de l'effet.

Voici maintenant le *Portrait de Georges Gisze*, marchand de Bâle, par Holbein, un autre chef-d'œuvre d'une couleur et d'un éclat extraordinaires. Assis devant une table, le jeune marchand ouvre une lettre. Au mur s'accrochent divers ustensiles, une balance, une sphère, une étagère qui renferme des papiers, un rayon qui porte un livre. D'un verre vénitien posé sur la table s'échappe une touffe d'œillets. Et, au milieu de tous ces accessoires nettement indiqués, la figure du modèle ressort avec une vigueur incroyable. Peut-être est-ce là le plus magnifique portrait qu'Holbein ait jamais peint.

Les portraits de *Trelawnay* et de *Gissemberg* sont également dignes de son pinceau magistral. Pas une ombre, pas même une demi-teinte, au moins en apparence, et pourtant le modelé est parfait. Comment ne pas rire des modernes rapins qui croient avoir inventé le plein air et la pleine lumière?

Un *Portrait de Charles-Quint*, par Christophe Amberger, est une curiosité historique. La figure est maigre et d'une pâleur maladive, le regard est en dessous, le maxillaire inférieur fait saillie jusqu'à la difformité. Ce n'est guère une tête impériale.

Je ne veux pas oublier, en quittant l'école allemande, une amusante composition de Lucas Kranach, la *Fontaine de Jouvence*. De vieilles femmes décrépites s'acheminent vers la fontaine, se plongent dans la piscine régénératrice et en sortent rajeunies, je ne dis pas charmantes, car Lucas Kranach a une façon de comprendre la beauté féminine qui est peut-être allemande, mais que tout le monde ne partage pas.

Arrivons aux écoles des Pays-Bas.

Le musée de Berlin possède six panneaux du fameux retable de Saint-Bavon de Gand, l'*Adoration de l'agneau mys-*

tique, œuvre maîtresse des frères Hubert et Jean Van Eyck. Deux de ces panneaux représentent le *Concert des Anges* avec une conscience et une minutie de détails qui ne sauraient être dépassées. Les quatre autres peuvent être considérés comme la pièce la plus importante du musée. C'est le défilé des juges justes, des champions du Christ, des anachorètes et des pèlerins se rendant à la fontaine de vie. Les frères Van Eyck n'ont rien laissé de plus parfait. Nulle part ils n'ont été plus hautement inspirés et ne se sont montrés plus habiles coloristes.

Il y a encore de Jean Van Eyck un *Portrait d'Arnolfini*, commerçant de Bruges, et l'*Homme à l'œillet*, cette surprenante figure qui vient de la galerie Suermondt, la nature rendue avec une implacable franchise, la vie exprimée avec une intensité qui tient du prodige.

En peignant *Joseph accusé par la femme de Putiphar*, Rembrandt ne s'est pas mis en frais d'archéologie. Le lit appartient au style Louis XIV, Putiphar est déguisé en turc, et Joseph a une figure de tartufe assez réjouissante. Le *Samson menaçant du poing son beau-père* est d'une chaude couleur; mais le sujet est encore si bizarrement rendu qu'on a pris longtemps Samson pour le duc de Gueldre. La *Suzanne au bain* n'est qu'une cuisinière effarouchée. J'aime mieux le fin portrait de *Saskia* et ceux du maître lui-même.

La *Hill Bobbe* de Franz Hals, la sorcière de Harlem, avec son hibou sur l'épaule et son pot à bière, est brossée avec une verve inouïe; mais la *Nourrice et l'Enfant* révèlent plus complètement le talent du portraitiste de Harlem. Cette petite fille, engoncée dans sa robe verte à ramages et dans sa collerette finement brodée, cette nourrice qui lui présente un fruit, sont d'une vérité criante.

La *Chasse de Diane*, le *Cortège de Neptune* et quelques autres toiles de Rubens sont des œuvres secondaires. Les cinq *Enfants de Charles Ier*, réunis autour d'un gros chien, ont porté bonheur à Van Dyck qui a rarement plus de charme. Van der Meer a une *Jeune femme essayant un collier*, dont le caraco jaune bordé d'hermine s'enlève sur la boiserie blanche de l'appartement; Metzu, la *Famille du marchand Gelfing*, y compris le chien et le chat; Pieter d'Hoog, un *Intérieur* puissamment éclairé; Ruysdaël, une *Vue de Harlem* et une *Mer houleuse* du plus dramatique effet...

Mais je m'oublie au milieu des Hollandais. Trois heures approchent et j'ai encore deux musées à voir, la collection des antiquités découvertes en Troade par M. Schliemann et le musée ethnographique dont cette collection occupe une salle. Je saute dans un droschken et me fais conduire rue de Königgrätz. Un édifice de belle apparence vient d'être affecté à l'ethnographie, qui était précédemment installée au Nouveau Musée. Il me reste cinq minutes avant la fermeture pour visiter ses vastes galeries. Je les parcours au trot, mais sans y prendre d'ailleurs un intérêt qui me suggère beaucoup de regrets. Les sculptures des Néo-Zélandais me touchent peu après celles de Pergame, et tout cet assortiment de vêtements baroques, d'armes sauvages, de modèles de pirogues, de chinoiseries variées, me causerait même un profond ennui, si les gardiens ne m'avertissaient qu'il est temps de battre en retraite.

A la collection troyenne, dont l'installation n'est pas terminée, le règlement est plus élastique et le conservateur ne fait pas difficulté de me recevoir après l'heure. Selon M. Schliemann, qui a fouillé Hissarlik, six villes se seraient élevées successivement sur le même emplacement, et leurs ruines étagées formeraient l'amas de seize mètres de hauteur que l'habile explorateur a partiellement déblayé. La Troie de Priam serait la deuxième ville. Je m'imagine que cette division doit être un peu arbitraire. Quoi qu'il en soit, chaque objet exposé porte le numéro de la ville : zweite stadt, dritte stadt, etc. Le squelette d'un embryon de six mois a été trouvé dans la première ville. Des haches et des coins en diorite, un grand cratère à anses, un vase d'argent oxydé, des figurines grossières qui paraissent avoir été des idoles, proviennent de la deuxième ville. Une foule d'objets divers, fers de lance, épingles à cheveux, couleurs, grains de blé calcinés, etc., remplissent les vitrines. Les poteries sont très rudimentaires, sans peintures, sans emploi du tour. Souvent le vase revêt une forme animale. J'en vois un qui ressemble à un hérisson dressé sur ses quatre pattes, un autre qui a les allures d'un petit porc, un troisième qui donne l'idée d'une tête de chouette. Quelques-uns prétendent même à la figure humaine. Deux ronds remplacent les yeux et un rond plus grand représente la bouche. Parfois aussi c'est le goulot, agrémenté d'un nez pointu, qui simule la tête, et les deux anses deviennent les bras de cet être bizarre. Les dessins tracés sur les vases sont toujours d'une conception très simple, des traits losangés ou quadrillés, des points, des tresses, des cercles concentriques. Si je m'en rapporte à ce que je vois, le service de table du roi Priam ne brillait point par un luxe exagéré.

La rue de Koniggrätz aboutit au canal de la Sprée. Sur la place Belle-Alliance, où convergent les trois grandes rues de Berlin, Wilhemsstrasse, Friedrichsstrasse et Lindenstrasse, s'élève la Colonne de la Paix, surmontée d'une Victoire de Rauch. Des groupes de marbre et des jardins s'associent à la décoration. De l'autre côté du canal s'étend tout un quartier neuf occupé en partie par des casernes et des cimetières. Puis le terrain s'accidente légèrement, et un monument commémoratif des campagnes prussiennes apparaît au sommet de l'insignifiante colline du Kreuzberg ; mais c'est assez d'avoir vu la Colonne de la Victoire, et, tournant le dos à cette déplaisante pyramide, je regagne les Tilleuls, dont l'incontestable grandeur sera la dernière impression que j'emporterai de Berlin.

Je me proposais de revenir à Paris

par Weimar, Francfort et Strasbourg ; mais, depuis une quinzaine de jours, le gouvernement allemand tracasse les voyageurs et exige des passe-ports dûment visés pour traverser l'Alsace. Afin d'éviter tout ennui, j'adopte l'itinéraire le plus direct par Lehrte, Hanovre, Cologne et Verviers. Rien de plus simple que le départ. Le bureau du Central-Hôtel me délivre un billet, un domestique va faire enregistrer mon bagage à la gare de la Friedrichsstrasse, que la largeur de la rue sépare de l'hôtel, et, à neuf heures et demie, j'attends le passage de l'express, dont l'arrêt à la station centrale m'épargne un ennuyeux transport à la gare de Silésie.

6 juin.

Au point du jour, le train quitte le Hanovre, traverse en vingt minutes toute la principauté de Schaumbourg-

Lippe, et entre en Westphalie. Après Minden, deux montagnes resserrent le cours du Weser. Quand ce défilé est franchi, la plaine recommence, monotone et attristante. De Herford, on aperçoit aux confins de l'horizon les collines de la forêt de Teutberg; mais rien n'éveille le souvenir d'Arminius. Partout les usines et les filatures dressent leurs cheminées rougeâtres. Nous entrons dans une région industrielle, et cet aspect nous suivra jusqu'au delà de la frontière française. De jolies villas et des jardins fleuris égaient cependant la physionomie manufacturière de Bielefeld. Hamm, Dortmund, Altenessen, à trois kilomètres d'Essen et de la célèbre fonderie Krupp, Oberhausen, Duisbourg se succèdent au milieu d'un lacis de voies ferrées. Le nom de Düsseldorf me fait songer à l'école de peinture dont Cornélius a été le chef; mais que de cheminées encore ! Trois quarts d'heure après, le train passe le Rhin sur un beau pont de fer et entre dans la gare de Cologne.

Un arrêt de trente minutes me donne le temps de courir au Dom. Je ne l'ai pas vu depuis 1854. A cette époque le portail était rongé par le temps et l'herbe verdoyait sur les tours dégradées. Les travaux d'achèvement, commencés en 1842, étaient pourtant en bonne voie. On finissait les transepts et la nef montait jusqu'au niveau des triforiums. Depuis 1880, le monument est complètement terminé. Peut-être l'application systématique de la ligne verticale a-t-elle été poussée jusqu'à l'exagération; mais ce n'en est pas moins d'une admirable grandeur. Les tours s'élancent en pyramide jusqu'à cent cinquante-six mètres, plus élevées, par conséquent, qu'aucun édifice connu. A l'intérieur, dans le demi-jour mystérieux et coloré qui tombe des verrières, cinq nefs dressent leurs hautes voûtes et l'œil se perd entre les légères colonnes qui les supportent. Le spectacle est magnifique. Quels que soient nos sentiments envers l'Allemagne, il faut lui savoir gré d'avoir mis la dernière main à la gigantesque basilique dont le treizième siècle lui avait transmis le legs onéreux.

Je prends, à huit heures et demie, le train de Paris. Le temps, si beau pendant mon séjour à Berlin, s'est gâté et la pluie noie le paysage. Aix-la-Chapelle, Verviers, Liège, Namur défilent vaguement dans le brouillard. Un nuage opaque et noir annonce Charleroi. Pendant des kilomètres, le chemin de fer court entre les hauts-fourneaux, les montagnes de houille, les amas de scories ; les cheminées pointent de toutes parts, obélisques et colonnes de cette architecture utilitaire ; une fumée lugubre pèse sur la région ; et le train va toujours, et toujours du charbon, des hangars délabrés, de chétives maisons couleur de suie : c'est à croire qu'on ne sortira pas de cet enfer industriel. Mais que m'importe ? Je ferme les yeux, et, retournant en arrière, je revois les sites merveilleux que ce parcours de huit mille kilomètres m'a successivement offerts, la baie de Naples, l'archipel ionien, le vallon d'Olympie, les ruines dorées du Parthénon, Smyrne rayonnante de lumière, et, par-dessus tout, Constantinople profilant dans l'azur ses mosquées blanches. De pareils spectacles survivent à l'éphémère durée du voyage, et plus d'une fois, ramené au calme plat de la vie quotidienne, m'arrivera-t-il de laisser mon imagination s'envoler à tire-d'aile vers ces pays du soleil qui réunissent à l'immuable beauté de la nature l'enchantement de la poésie et le prestige des souvenirs historiques.

— 179 —

de Staphet, Garibaldi couvrit le vallon
d'Olevaho, les formes droites de l'an-
rayonnante de lumière,
ni, Constantinople pro-
sa mosquée blanche, au
du survivront à l'éphé-
voyez, ce plus d'une
nature par de la vie
arrivera-t-il de laisser
n désavoué tire-t-elle
t soleil qui réunissent
auté de la nature l'en-
a poésie et le prestige
istoriques.

NOTES ET RECTIFICATIONS

1 — Page 56, ligne 2 : « Sur un mamelon qui domine le vallon, les Allemands ont construit récemment un édifice..... » Le musée d'Olympie a été élevé par l'architecte Siebold sur les plans de MM. Adler et Dörpfelds, de Berlin ; mais il convient d'ajouter que la dépense a été payée par un Grec très riche et très généreux, le banquier Syngros.

2 — Page 57, ligne 10 : « Ces deux œuvres qui datent de l'époque de Praxitèle..... » Le nom de Praxitèle s'est glissé ici par suite d'une erreur de copie et doit être remplacé par celui de Phidias. Ce n'est pas le lieu de discuter si, comme le croient certains archéologues, les deux frontons du temple de Jupiter Olympien sont postérieurs de quelques années à ceux du Parthénon, ou si, comme d'autres l'affirment, ils appartiennent à la génération qui précéda immédia-

tement celle de Phidias. La tradition les attribue à Alcamène d'Athènes et à Pœonios de Mendé, contemporains du maître, et jusqu'à présent il n'y a pas de raison concluante pour la rejeter.

3 — Page 140, ligne 18. Le chiffre de 320 kilomètres de voies ferrées appelle une rectification. Un tableau statistique placé à la porte de la salle grecque, à l'Exposition universelle de 1889, indiquait pour l'année 1888 un chiffre très supérieur, 1,698 kilomètres ; mais les lignes en cours d'exécution ou simplement projetées étaient comptées comme si elles étaient achevées et livrées à la circulation. Au 1er mai 1888, le royaume de Grèce possédait, en réalité, 613 kilomètres de chemins de fer, dont 430 dans les limites de la Grèce proprement dite et 183 en Thessalie. Sauf la ligne du Pirée, décrétée en 1869, toutes ces lignes ont été ouvertes depuis 1883.

Le même tableau contenait divers renseignements qui résument bien les progrès matériels accomplis par la Grèce depuis cinquante ans.

La superficie du royaume a subi les extensions suivantes :

En 1838.... 47,516 kilomètres carrés.
En 1870.... 50,123   id.
En 1888.... 63,629   id.

L'accroissement de la population n'a pas été moins rapide :

En 1838........   752,077 habitants.
En 1870.......... 1,457,894   id.
En 1888........ 2,200,000   id.

L'impôt s'est élevé de même. Alors qu'il était de 21 fr. 22 cent. par habitant avant 1876, de 36 fr. 55 cent. en 1884, il était, en 1887, de 44 fr. 02 cent.

Les routes de terre se sont aussi développées. Il y en avait 330 kilomètres en 1869 et 650 kilomètres en 1881. Le chiffre accusé pour 1887 est de 1,200 kilomètres; mais il est probable qu'on a fait, comme pour les chemins de fer, entrer en ligne de compte des routes qui ne sont qu'à l'état de projet.

Ce que le tableau négligeait d'indiquer, c'est le chiffre de la dette publique. Avec un budget de dépenses qui s'élève à 92 millions, la Grèce a à payer annuellement 37 millions pour l'intérêt de sa dette, c'est-à-dire les quarante centièmes de son budget. La proportion est inquiétante. La France elle-même, malgré l'énormité de sa dette, ne consacre au paiement des intérêts que les trente-cinq centièmes de son budget. Seuls en Europe, le Portugal et la Roumanie, l'un avec 55 %, l'autre avec 48 % dépassent la proportion de la Grèce.

4 — Page 166, ligne 17. Le nom officiel

de ce pont est : pont de Karakeui. C'est un pont à péage, et le tarif mérite d'être retenu :

	Piastres	Paras
Piéton........		10
Portefaix......		20
Ane..........		30
Chameau......	1	
Deux oies.....	1	
Piano........	2	
Cochon.......	3	

5 — Page 187, ligne 8. Le Vieux Pont s'appelle pont d'Azab-Kapou.

6 — Page 215, ligne 8. Quatre officiers généraux allemands au service de la Turquie portaient, en 1888, le titre d'aides de camp honoraires du Sultan. C'étaient les généraux de division baron Von der Golz, Kamphövener, baron Von Hobe, et le général de brigade Van Schelgen.

7 — Page 222, ligne 16. S. Exc. Ghazi (le Victorieux) Osman-Pacha est maréchal du palais du Sultan.

8 — Page 224, ligne 7. Abdul-Hamid Han II, né le 22 septembre 1842, 34ᵉ souverain de la famille d'Osman, 28ᵉ depuis la prise de Constantinople, est monté sur le trône le 31 août 1876 (12 chaban 1293). Il a quatre fils, dont l'aîné S. A. S. Mehmed Sélim Effendi, est né le 1ᵉʳ janvier 1871, — deux filles, — cinq frères, dont l'aîné est

Mourad V, — trois sœurs, — une tante, — cinq cousins et quatre cousines, fils et filles d'Abdul-Aziz.

9 — Page 267, ligne 10. Le Sénat ottoman (Heyet-i-Aïan) compte vingt-deux membres qui sont généralement d'anciens fonctionnaires. La Cour des comptes (Divani-mouhassebat) a un président, un procureur impérial et deux sections composées chacune d'un vice-président et de six membres. D'autres corps sont également constitués à l'européenne. La Turquie a un conseil d'Etat et une cour de cassation. Stamboul est le siège d'une cour d'appel et d'un tribunal de première instance divisé en chambre civile et en chambre correctionnelle.

La hiérarchie des ministères paraît calquée sur la nôtre, et, quand on lit dans *l'Annuaire oriental* toutes ces indications de chefs de division, de directions de comptabilité, de bureaux de statistique, de cadastre, etc., on est tenté de prendre au sérieux cette organisation qui ne fonctionne guère que sur le papier.

10 — Page 396, ligne 26. Frédéric III avait encore douze jours à vivre. Il est mort le 15 juin 1888, à onze heures cinq minutes du matin, après quatre-vingt-dix-neuf jours de règne.

Autun. — Imp. Dejussieu.

www.ingramcontent.com/pod-product-compliance
Lightning Source LLC
Chambersburg PA
CBHW070603230426
43670CB00010B/1394